伝わる文章の書き方教室

書き換えトレーニング10講

飯間浩明 Iima Hiroaki

★――ちくまプリマー新書

151

はじめに

大学で長年担当している授業のひとつに、「レポート・論文の書き方」があります。授業を進めるにあたっては、受講する学生に、一定水準の語彙《ごい》力・表現力があることを前提にしています。短い授業時間の中では、論理的に書く力を伸ばすことに集中したいので、語彙力や表現力についての話は、やむをえず省略するのです。

とはいえ、学生の提出した文章を読むと、論理力以外のところで不満を感じることが多いのも事実です。「ここは別の語句を使ったほうがいいのでは」「もう少し表現を補っては（削っては）どうか」などと、語彙面・表現面でも注文したい箇所が続々出てきます。

レポートや論文に限らず、「伝わる」文章を書くためには、必要な要素が少なくとも3つあります。語句を選んで使う力（語彙力）、できごとや様子などを的確に表現する力（表現力）、そして、ものごとを筋道を立てて述べる力（論理力）です。この3つの力をまんべんなく伸ばすことができれば理想的です。

3つの力のすべてを無理なく伸ばすには、どういうトレーニング方法が適当だろうか。私は、このことについて考え続けるようになりました。

最も望ましいのは、ゲームのように楽しんで行えるトレーニングです。ゲーム感覚、という考え方に基づいて、本書で紹介する「書き換えトレーニング」の数々がまとまりました。もとの文や文章などを、あるルールに従って書き換えるというトレーニングです。

あえてゲーム感覚ということを重視する理由は、トレーニングはまず長続きすることが大切だからです。ふだん文章を書きながらでも、ちょっと試してみようか、という気持ちになるようなトレーニングであることが必要です。

ゲーム感覚などと言うと、不真面目な印象を持つ人がいるかもしれません。大丈夫です。これらのトレーニングは、どれも、私の経験に根差したものであり、現在も実践しているものばかりです。そして、上記とは別の授業でも実際に用いています。学生からは、「ふだん使わない言語脳が活性化する」「頭は疲れるがおもしろい」と、上々の評判を得ています。

第1章では、語彙力のトレーニングを行います。ここには、主に、私がふだん文章を書く中から生まれたトレーニング方法を集めました。

たとえば、「い」など特定の音《おん》を使わずに書く、という奇妙なことを試みています。これは、私が文章を書いていて、「……ない。……ない」のように同じ言い回しが重なるのを避けたいと考え、どう書き換えればいいか、と悩んだところから発想しました。この文章を書いている今も、私はおのずと、このような語彙トレーニングを行っています。

第2章では、表現力のトレーニングを行います。私は、国語辞典の編纂《へんさん》の仕事に従事しています。この仕事を通じて体得した方法のいくつかを、ここに盛り込んでいます。

国語辞典の語釈（意味の説明）を書くときには、読者の知らないものごとを、それが目に浮かぶように表現することが求められます。いわば、ことばで絵を描《か》く必要があります。時には絵や写真でも伝えられないことを伝えなければなりません。そのような、苦しくも楽しい表現の作業から生まれたトレーニング方法を試みてもらいます。

第3章では、論理力のトレーニングを行います。ここには、教室でレポート・論文の書き方を指導するときに私が基本としている事項を収めました。

論理力とは、要するに、自分の抱いた問題意識を出発点として、読者を結論まで引っ張っていく力のことです。また、語句・文のつながりに注意することや、自分の主観を入れないことも必要です。こう説明するとむずかしいようですが、文章を書き換えるトレーニングによって、これらのコツを能率よくつかんでもらえることを期待します。

最後に、まとめとして、ある難解な文章を伝わりやすく書き換えてもらいます。「伝わる」

文章を書くためのトレーニングの総仕上げです。

読者にお願いしたいのは、決して「お勉強」のつもりにならないでほしいということです。大まじめに、苦労して文章修業をしようとするならば、ほかにも方法があります。名文を読んで書き写したり、長文の論説を何百字かでまとめたりするのも効果的です。でも、それよりもまず、ことばとたわむれることを楽しんでほしいのです。

本書のトレーニングは一種のゲームです。ルールに従って、ある語句や文を変換・変形させていくおもしろさが分かれば、日頃《ひごろ》文章を書くときにも、自然にそのトレーニングが行えるようになります。そして、いつの間にか、以前よりももっと「伝わる」文章が書けるようになる――私がねらっているのは、読者にそういう快感を味わってもらうことです。

目次 * Contents

第1章

語彙力をつけるレッスン

語彙《ごい》とは、簡単に言えば「ことばの集まり」のことです。自分が頭の中にたくわえていることばの総量のことを語彙力と言います。語彙力はまた2種類に分かれます。ひとつは、文章を読んだとき、そのことばの意味が分かる「理解力」。もうひとつは、文章を書くとき、適切なことばが使える「運用力」です。ここでは、後者の運用力を伸ばすトレーニングを行います。トレーニングに際しては、ぜひ、お手元に国語辞典を用意してください。

レッスン１　適切なことばを選ぼう——特定の音を使わずに書き換える

例題１
次の文章を、「い」を使わないで書き換えてください。

吾輩《わがはい》は猫である。名前はまだ無い。

（夏目漱石《そうせき》『吾輩は猫である』冒頭）

のっけから、唐突な問題だったかもしれません。出題のねらいを計りかねて、戸惑った読者も多いのではないでしょうか。

「い」を使わずに書く——べつに奇をてらったつもりはありません。これは、語彙力を高めるためのトレーニングです。

文章を書くためにまず必要な力のひとつが語彙力です。つまり、どれだけ多くのことばが理解できるかということです。または、どれだけ多くのことばが使えるかということです。

多くのことばが理解できることと、使えることとは、ちょっと違います。一般に、たくさん本を読む人は、多くのことばが理解できます。ただ、自分が文章を書く時、そのことばをうまく取り出して使えるかとなると、話は別です。

ある内容を伝えたいとき、いろんなことばの候補をぱっと思い浮かべて、その中から、最もその状況に適切なことばを選んで使えるようになれば理想的です。このトレーニングは、そういう意味での語彙力（ことばの運用力）を伸ばそうとするものです。

細かい話は後回しにして、まず、例題を解いてみましょう。

第1文の「吾輩《わがはい》」に、さっそく「い」が使われています。「い」を使わない単語に置き換えるとなると、たとえば、「私《わたし》は猫である」「僕《ぼく》は猫である」などが考えられます。でも、これでは、原文の妙に威張り返った感じはなくなってしまいます。

曾野《その》綾子《あやこ》さんの小説に、『ボクは猫よ』（文春文庫）という、現代の猫が世相を観察する物語があります。作品の雰囲気はやわらかで、漱石の原典とはだいぶ違います。「吾輩」を「ボク」にすると、まるで話が変わってしまうのです。

そこで、「第一人称の威張った言い方」がどれだけ使えるかが試されます。「俺《おれ》」「拙者」「それがし」「みども」「やつがれ」……そのほか、何があるでしょうか。

漱石自身は、「余《よ》」をよく使っています。たとえば、こんな感じです。

苦しんだり、怒ったり、騒いだり、泣いたりは人の世につきものだ。余も三十年の間それを仕通して、飽々《あきあき》した。（夏目漱石『草枕《くさまくら》』一）

この「余」ならば、インテリぶった感じがして、しかも古風な語感もあって、「吾輩」の言い換え語として適当です。第1文は「余は猫である」と書き換えることにします。

次に、第2文ですが、これは少々やっかいです。「名前はまだ無い」の「無い」に「い」が使われているので、これを変えなければなりません。ところが、「ない」は非存在を示す最も基本的な形容詞で、これを使わずにすますのは困難です。

「名前はまだ決まっていない」「名前はまだつけられていない」など、否定形にすると、今度は否定の助動詞「ない」が顔を出します。

形容詞の「ない」も、助動詞の「ない」も使わずに書き換えなければなりません。肯定形で非存在を表すという、かなりの高等技術が必要になります。

「名前はない」に相当する肯定形の言い方には、どんなものがあるでしょうか。「無名《むめい》である」では「い」が入ってしまいます。「名無しである」「名前は未登録である」「名前はまだつけられる前の段階である」……あるいは？

簡潔さから言えば、「名無しである」が適当でしょう。「まだ〜無い」の意味を添えるために、「目下のところ名無しである」としておきます。

別解として、助動詞「ない」を「ぬ」に変える方法もあります。「名前はまだ決まっておらぬ」とすれば、威張った感じも出てけっこうです。それならば、「ない」が出てくるたびに「ぬ」に変えればよさそうですが、あまり濫用しては目障りです。

◆音を避ける訓練は昔から

ある文字（音《おん》）を避けて書くことが語彙力のトレーニングになることは、今の例から少しは分かってもらえたでしょう。実は、このトレーニングは、私が考案したわけではなく、ずっと昔から行われているものです。

たとえば、奈良時代の「万葉集」には、大伴家持《おおとものやかもち》の次のような歌が載っています。

霍公鳥《ほととぎす》今来《いまき》鳴《な》きそむあやめぐさかづらくまでに離《か》るる日あらめや

「も・の・は」三箇《みつ》の辞《こと》を闕《か》く
我が門《かど》ゆ鳴き過ぎ渡る霍公鳥いやなつかしく聞けど飽き足らず
「も・の・は・て・に・を」六箇《むつ》の辞を闕く

2首の歌の後に、それぞれ、見慣れない注釈がついています。最初の歌は、「も」「の」「は」という3つの文字を使わずに作ったというのです。また、次の歌は、「も」「の」「は」「て」「に」「を」という6つの文字を使わずに作ったとあります。これは、かなりむずかしい語彙力トレーニングと言うべきです。

「も」「の」「は」は、和歌では非常によく使われる助詞です。これらの3文字が入っていない歌はきわめて少ないのです。たとえば、百人一首の中にはひとつもありません。まして、「て」「に」「を」を加えた6文字のない歌は、相当探さなければ見当たりません。それほど大切な文字をあえて使わないで歌を作ったところに、大伴家持のすぐれた語彙力と、自信のほどがうかがわれます。

ちなみに、右の2首の内容を凡人が詠むとすれば、たとえばこんなふうに、禁止された音が入ってしまうでしょう。

「霍公鳥今は|来鳴きぬあやめぐさかづらく日まで離れずも|あらなむ」
「我が門を|鳴きて|さ渡る霍公鳥声|の恋しく聞けど飽かぬかも|」

特定の音を使わないという条件をつけることで、凡作を避けることにもなるのです。

ことば遊びとしても、特定の音を使わずに話をすることはありました。落語の「しの字嫌い」からは、その一端が垣間《かいま》見られます。主人と使用人の清蔵とが、お互いに「し」の音を使わないという約束をする話です。

〔主人、清蔵に銭の勘定をさせる〕「〔略〕ふふッ、清蔵」／「あァ？」／「どうか……（したか、と言いかけてやめて）えへん（と、咳払《せきばら》いして、よく気をつけて）どうかァ、なったか」／「……きれた（＝座っていたのでしびれが切れた）」／「きれた？」／「よびれ」／「よびれてえのがあるか」／「おおォ痛て。エエ（と、銭を数えはじめる）、一貫、二貫、三貫《さんがん》、四《し》……（と言いかけて、はっとして、やめて、主人の顔を見上げ、また勘定を続ける）百、二百、三百……十、二十、三十……一文・二文・三文（主人の顔を見上げて）野郎、企《たく》んだな？」

（『圓生《えんしょう》全集　別巻下』青蛙房《せいあぼう》）

「どうかしたか」を「どうかなったか」、「しびれ（が切れる）」を「よびれ」（？）などと言い換えています。この話では、知恵者の清蔵がなかなかひっかからず、最後には主人に「しぶといやつだ」と言わせて勝ちになります。

大人になると、ことば遊びを楽しむということもだんだんなくなりますが、子どもになじみの深い「しりとり」も、これと同じ趣旨の遊びです。しりとりでは、末尾に「ん」という特定の音のつかない語を列挙します。場合によっては、「ん」に加えて、別の音を言うことを禁ずるルールを作ることもあります。

あるいは、相手を困らせようとして、末尾に特定の音を含むことばを連続して言うこともあります。「猿」「ビヤ樽《だる》」「蛍」「ローカル」などと続けると、相手はやがて、「る」で始まることばが思いつかなくなります。

しりとりを続けるには、けっこう語彙力を必要とします。膨大な語彙を獲得している最中の子どもはもちろん、大人にとってもいい訓練になります。

◆現代作家の試み

しりとりでは「る」など特定の音を含むことばを続けることもあると述べました。音を避けるのでなく、逆に、必ず使おうとするものです。ある音を含むことばをいくらでも思いつく能力は、詩や歌詞を書く場合に必要となります。この能力が乏しければ、ラップなどを作るときにも、うまく脚韻を踏むことができません。

作家・劇作家の井上ひさしさんは、ことば遊びの神様でした。特に、作品の挿入歌などには、あらゆるレトリック（ことばの技法）が駆使されていました。次に示すのは、みごとな脚韻の例です。「上品そうなご婦人がた」が登場してこう歌います。

サイザーンス　サイザンス／おミュージックはサンサーンス／ルネッサンスにサイエンス／ファイヤンスにグッドセンス／教養高きホモサピエンス／ドレスはパリのハイセンス／家具は柾目《まさめ》の桐《きり》ダンス／普段の帯は緞子《どんす》でザンス／貧すりゃ鈍す／鈍すりゃ金子がほしくなる／ダンスは床しいフォークダンス／旦那《だんな》は東大出ておりやンス／なによりきらいなナーンセンス／家庭のしあわせここに存す／サイザーンス　サイザンス！

（井上ひさし『ブンとフン』新潮文庫）

私たちだって、こんなふうにしじゅう歌の作詞をしていれば、語彙力は高まるに違いありません。とはいえ、詩や歌詞を作るには文学的才能も必要で、語彙力を高めたいと思う人が誰《だれ》でもまねできるものではありません。

そう考えると、特定の音を「必ず使う」のではなく、「必ず避ける」という行き方のほうが、より実際的なトレーニングだと言うことができます。

筒井康隆さんの小説にも、特定の音を避ける試みがあります。次の文章を注意して読んでください。主人公が歩きながら、街の様子を描写している場面です。

繁華街から通りを横断してさらに行くと、海運、陸運、港湾、運航といった看板が多くなり、通行人がおおかたいなくなった。さらに印刷、凹版印刷、広告と書かれた多くの看板。

川の左岸《さがん》に着いた。橋を渡って右岸《うがん》をつたう坂をば丘に、丘にと。高架の下をいくつか通って大邸宅街に入る。

はるか彼方。かしこの丘のなかば。おっ。建っていた。建っていた。鉄骨を組んだ二階建てだ。建っている。ん。高くなっている。おかしいな。たしかにおれは二階建ての邸宅だとばかり。なんと三階。ノー。ノー。さらに高い。何階だ。ううん。さてはさらに高くしたんだな。しばらく工作が断たれていたのは、さては企ての更新にかかわっていたからだったのか。

（筒井康隆『残像に口紅を』中公文庫）

この風景描写では、相当多くの音が避けられています。1音2音どころではなく、「あうえきぎぐけげござじすずせぜそぞちづでどぬねぱひびぴふぶぷへべぺほぼぽまみむめもやゆよろ」の45音を、あえて使わずに書いてあります。この小説は、章を重ねるごとに、使用する音がどんどん減る仕組みになっていて、最後はほんの数音だけで話が進みます。

どうしてこんな小説を書いたのか、作者の筒井さんは必ずしも多くを語っていませんが、小説中に、この試みの効果について言及しているところがあります。

〔上略〕消えた音《おん》が使えず失われた言葉を違った言葉で表現しようとしてそのまわりをぐるぐる徘徊《はいかい》するうち、今まで考えもしなかった彼〔＝作者によく似た主人公〕らしくない文脈を生み出して、それが意外に面白く、彼を喜ばすことになったりもしたのだ。また逆に、いつもの彼が好んで使うもってまわった言いまわしが使えなくなり、しかたなく簡単にした表現が思いがけず簡潔さによる迫力を伴っていたりもして、この発見の際彼は非常に嬉《うれ》しかった。

ここでは、「今まで考えもしなかった表現」「簡潔さによる思いがけない迫力」が得られたということが述べられています。私なりにまとめれば、特定の音を避ける試みをするなかで、自分の使えることばが増えたということです。これは、特定の音を避けて書くというトレーニングが、語彙力を伸ばすことを裏書きするものです。

◆最もよく使われる音は

冒頭の例題1で、私は「い」の字を避けて文章を書き換えることを求めました。なぜほかならぬ「い」の音であったかということには、理由があります。「い」は、日本語の文章に使われる音の中では、一、二を争う頻度で使われているからです。

前掲『残像に口紅を』の中公文庫版の解説に、水谷静夫・泉麻子両氏による調査結果が出ています。筒井康隆作品のうち、『イリヤ・ムウロメツ』『言語姦覚《かんかく》』『虚人たち』から抽出調査した結果、出現頻度が高い音は次のとおりだったといいます。「‰」は「パーミル」（パーセントを10倍した値）で、それぞれの音の出現頻度を示します。

い 65.08‰　お（を）60.95　の 45.04　ん 44.07　か 41.63

ほかの文章で調べると、また結果が変わってくるかもしれませんが、とにかく、日本語の文章では、「い」「お（を）」「の」「ん」「か」などの使用を禁じられれば、身動きが取れなくなりそうだということは、この結果からよく分かります。

それなのに、あえて出現頻度の高い「い」を使わずに文章を書くのは、先にちょっとやってみただけでも分かるとおり、なかなかの頭脳労働です。よほどことばを選ばなければならず、結果として、自分が使えることばを増やすことに結びつきます。

＊

例題1はごく短い文章でしたが、もう少し長い文章を対象に、同じことを行ってみましょう。『猫』の続きの部分を引用します。

例題2

次の文章を、やはり、「い」を使わないで書き換えてください（「い」を含む部分には、分かりやすいように傍線を引いてあります）。

どこで生れたか頓《とん》と見当《けんとう》がつかぬ。何でも薄暗いじめじめした所でニャーニャー泣いていた事だけは記憶している。吾輩はここで始めて人間というものを見た。然《しか》もあとで聞くとそれは書生という人間中で一番獰悪《どうあく》な種族であったそうだ。

（『吾輩は猫である』）

この3行ほどの文章中に、「い」の音は、なんと9回も出てきます。これをすべて除いていかなければなりません。

まず、全体を見回してみます。すると、よく使われていることばがあります。それは「いう」と「いる」（いずれも2回）です。特に「いる」は、存在や現在進行形を表すために必要不可欠と言っていいことばです。どうすればこれを除けるでしょうか。

例題1で、助動詞の「ない」は「ぬ」にしてしまえば問題を回避できると述べました。それと同じ方式で行けば、「いる」は「おる」にしてしまうということが考えられます。現に、夏目漱石は「おる」を使います。〈主人が例になく書斎から出て来て吾輩の後ろで何かしきりにやっておる〉（『猫』）という具合です。でも、だからといって、何でもかんでも「おる」にするのはワンパターンです。

「記憶している」は、「記憶しておる」でもいいけれど、むしろ、「記憶にある」とすれば、現代語としても違和感がありません。また、「ニャーニャー泣いていた」は、「泣いておった」としてもまだ「い」が残ります。「泣き声を立てた」として、進行形の感じを出すために「のべつ」（＝絶え間なく）ということばをつけてはどうでしょう。

「人間という」「書生という」は同じ用法です。前者は「人間なるもの」という言い方があります。「人間と名のつくもの」でもいいでしょう。後者は「書生なる人間中で……」は不自然なので、別の言い方を考えなければなりません。

「書生」は、人の家に居候する学生のことですが、「学生《がくせい》」としても「い」がついてしまいます。ここは、意訳して「食客《しょっかく》（＝居候のこと）の若者」ではどうでしょう。この後にも「書生」ということばが何度も出てくるのですが、もし書き換えるなら、それらも「若者」で押し通してしまいましょう。

後に残った「薄暗い」は、「日の当たらぬ」「日の射さぬ」とも言い換えられますが、「〇

○な」という形容動詞の形を利用する手があります。ここでは「暗鬱《あんうつ》な」（＝暗くて陰気な様子）としておきます。「一番」は、「最も」に変えれば問題ありません。

『猫』の冒頭の数行を書き換えるためだけに、私は、かなりの語彙を、頭の引き出しから取り出しました。二、三の国語辞典も参考にしました。もしかすると、作者の漱石よりも入念に推敲《すいこう》したかもしれません。

このような特定の音を使わずに書くトレーニングは、ちょっとした機会があればできます。友だちへのメールで、ひそかに試してみるのもいいでしょう。トレーニングのついでに、まめに国語辞典を引く習慣をつければ、なおけっこうです。

避ける音は、「い」に限る必要はありません。先に示した「お（を）」「の」「ん」「か」などを除いて書き換えてみると、また、それぞれに違った結果になります。一方、「ぬ」や「ぱぴぷぺぽ」などは、それほど出現しない音なので、音を避けて書くトレーニングには、あまりふさわしくありません。

◇例題の解答例

例題1

余は猫である。目下のところ名無しである。

例題2

どこで生れたか頓と見当がつかぬ。何でも暗鬱なじめじめした所でのべつニャーニャー泣き声を立てた事だけは記憶にある。余はここで始めて人間と名のつくものを見た。然もあとで聞くとそれは食客の若者で、人間中で最も獰悪な種族であったそうだ。

レッスン２　語感を意識しよう――和語と漢語とを互いに書き換える

例題1　次の文のうち、傍線部の漢語を和語に書き換えてください。

山田くんは、休日に友人と観劇に行きました。

これは、以前、ＮＨＫ教育テレビ「わかる国語　読み書きのツボ５・６年」の制作に参加した時に作った例文です（２００７年２月７日放送分より）。小学生向けの国語の番組でしたが、大人の視聴者からも、勉強になったという反応がけっこうありました。

この例題も、やはり語彙力のトレーニングをねらっています。和語・漢語を区別し、それぞれの語感などの違いに敏感になることが目的です。

例題を解くには、まず、「和語」「漢語」の違いが分かっていなければなりません。大ざっぱに言えば、和語は、漢字を訓読みすることば。漢語は、漢字を音読みすることばです。

もっと正確に言えば、和語とは、中国語などから入ってきたのではない、固有の日本語です。たとえば、「うみ」「やま」「ひと」「けだもの」「うつくし」など。「うつくし」は今では「うつくしい」に変化しましたが、和語に変わりはありません。これらのことばは、中国から漢字が入ってくると、「海《うみ》」「山《やま》」「人《ひと》」「獣《けだもの》」「美《うつく》し」など、漢字の訓読みとしても使われるようになりました。

一方、漢語とは、漢字を中国語の発音に基づいて読むことばです。たとえば、「海洋《かいよう》」「山地《さんち》」「人間《にんげん》」「野獣《やじゅう》」「優美《ゆうび》」などは漢語です。本当の中国語の発音はもっと複雑でしたが、それを日本語ふうになまった発音で読んでいます。この読み方を音読みと言い、音読みすることばを漢語と言うのです。

ちなみに、漢字の音読みには目立つ特徴があります。それは、「亜《あ》」「伊《い》」「宇《う》」のように一音になるか、または、最後が必ず「イ・ウ・キ・ク・チ・ツ・ン」のどれかの音で終わるということです。「愛《あい》」「王《おう》」「駅《えき》」「悪《あく》」「一《いち》」「圧《あつ》」「安《あん》」など、たしかに、二音の音読みはどれもこの音で終わります。このことは覚えておくと便利です。

さて、例題を見ると、「休日」「友人」「観劇」は、いずれも音読みするので、漢語であることが分かります。これらを、訓読みすることばに書き換えればいいわけです。

まず、「休日」はそのまま「休みの日」と書き換えられます。

「友人」は「友だち」です。もっとも、「友達」の「達《たち》」は音読みではないかと言う人がいるかもしれません。心配無用です。これは、もともと和語で「たち」と言っていたところに、同じ発音の「達」という漢字をあてたもの、つまりあて字です。

「観劇」はちょっとむずかしいかもしれません。「劇を見る」と言い換えても、「劇」は漢語です。和語で似たことばはないでしょうか。「お芝居を見る」とすれば、和語で言うことができます。これで、解答は完成です。

「休みの日」と「休日」、「友だち」と「友人」、「お芝居を見る」と「観劇」とを比べてみると、和語と漢語とでは、性質がはっきりと異なります。和語は、分かりやすい代わりに、字数が長くなりがちです。漢語は、少々むずかしくなる場合もある代わりに、簡潔に言えます。また、語感（ことばの印象）としては、和語はやわらかくくだけた感じが、漢語は硬く改まった感じがあります。

多くの人は、文章を書く時、そのことばが和語か漢語かなどということは、ほとんど意識しません。でも、両者の違いを考えずに文章をつづると、語句や文が不必要に長くなったり、むずかしくなったりして、読者にストレスを与えることがあります。この2種類の語彙を区別し、使い分けることが必要です。

◆漢語を使いたがるレポート

学生のレポートの中には、和語と漢語の違いを頭に入れていないせいで、読みにくくなっているものがよくあります。とりわけ目立つのは、むやみに漢語を使いたがる傾向です。たとえば、次の例がそうです。

> 私は今まで読んだ資料をそのまま信用しきっていた。インターネットなどの情報の方がまだ懐疑的であったが書籍においては真実の情報だと信じて疑わなかったのである。

この文章で最も気になるのは、「懐疑的」の使い方です。「懐疑的」とは、「その効果には懐疑的」のように、「○○（で）はないだろう」と疑うことです。あえて「懐疑的」を使うなら、「インターネットなどの情報の信憑性についてはまだしも懐疑的であったが」となるでしょうか。でも、そんなに複雑に言わなくてもいいのです。私なら、次のように書きます。

私は今まで、目にした資料をそのまま信用していた。インターネットなどの情報はまだしも疑ってみることもあったが、書物に記されたものは正しいと思いこんでいた。

「懐疑的」を「疑う」にした以外に、「真実の情報」を「正しい」にするなど、和語を増やしました。このほうがぐっと読みやすくなったはずです。

あるいは、こんな例もあります。

この情報社会においては、ＩＴリテラシーの欠如は単位時間当たりの仕事量を著しく低下させる。

どうも、大げさな言い回しという気がします。べつに、大したことを言おうとはしていないのです。次のように言えば十分でしょう。

この情報社会の中では、コンピューターがうまく扱えなければまるで仕事にならない。

もとの文章にあった「欠如」「単位時間」「(仕事)量」「低下」などの漢語をすべて取り去りましたが、必要なことはすべて言い尽くしているし、文意もより明確になりました。

これらの例では、筆者は、思いついたことばでとにかく書き進めようとしていて、別のことばで言い換えられないかと吟味した形跡がありません。もし吟味していれば、こなれないことばに代わる、もっと使い慣れたことばがあることに気づくはずです。

漢語を入れすぎるのがよくないと言うと、それなら、レポートでは何パーセントぐらい漢語を入れればいいのか、という疑問を抱く人がいるかもしれません。べつに割合は問題ではありません。適材適所に和語・漢語を使い分けることが大切です。

たとえば、民法に関する文章で「弁済」「債務」などの専門用語に漢語が使われるのは当然です。これを「お金を返すこと」「お金を返さなければいけないこと」などと和語に言い換えたのでは、厳密に定義された概念を伝えることができません。

一方、「このようなことは誰にでも起こりうる」と和語で言えばすむところを、「叙上の事態は万人に発生しうる」などと漢語を使う必要はありません。この場合は、べつに専門的な概念を伝えようとしているわけでもないからです。

◆「ぱっと見て分かる」を漢語で言うと

漢語をむやみに使いすぎると、読みにくい文章になることを述べました。だからといって、私は、漢語をなるべく使わないようにしようと主張しているのではありません。繰り返しますが、適材適所が大切です。漢語は、使うときには大いに使うべきです。

先に、「和語は、分かりやすい代わりに、字数が長くなりがち。漢語は、少々むずかしくなる場合もある代わりに、簡潔に言える」と述べました。漢語の一番の利点は、簡潔さにあります。端的に、印象的に言おうとするときは、漢語が役に立ちます。

ひとつ例を出しましょう。週刊誌に、電子辞書の新製品の広告が出ていました。製品の特徴は、次の3点にまとめられます。

・画面がカラーで、文字もくっきりしている。つまり、ぱっと見て分かりやすい。
・基本操作はタッチペンででき、手書き用パネルも付属。つまり、使いやすい。
・電池寿命が150時間あり、本体も頑丈にできている。つまり、長持ちする。

この3点を、ふつうにまとめて言えば、「ぱっと見て分かりやすく、使いやすく、長持ちする電子辞書!」ということになるでしょう。でも、これでは、読み手の心をつかむにはほど遠いキャッチコピーです。

読者なら、どういう文案を考えるでしょうか。実際の広告ではこうなっていました。

視認性・操作性・耐久性の融合
「タフネス&カラー液晶」
(『週刊文春』2010年1月28日号)

3つの特徴を、「視認性・操作性・耐久性」という3文字ずつの漢語で説明しています。しかも、「○○性」という言い方でそろえたところなどは、なかなかくふうしています。

「ぱっと見て分かりやすく、使いやすく、長持ちする」と、「視認性・操作性・耐久性(に優れる)」とは、同じ意味です。前者は和語を使い、分かりやすいメリットはあるものの、長ったらしく、訴える力が弱くなります。一方、後者は漢語を使い、それだけむずかしくなるものの、簡潔で力強く、読者の注意を引きつける力があります。この広告では、後者のキャッチコピーのほうが適当でしょう。

◆清少納言のウイット

ここで、少し歴史を振り返ってみることにします。昔の日本人は、和語と漢語をはっきりと区別して使っていました。平安時代以前の日本では、和語でつづる文章と、漢語を多く使う文章との2系統に分かれていました。

和語でつづる文章の代表例は「枕草子」「源氏物語」などの平安女流文学です。これらの文章には、漢語は少ししか出てきません。

春はあけぼの。やうやうしろくなり行く、山ぎはすこしあかりて、むらさきだちたる雲のほそくたなびきたる。

（「枕草子」第一段）

右の部分は、すべて和語だけで書かれています。

一方、漢語を多く使う文章の代表例は、貴族や僧侶《そうりょ》の日記・手紙などです。純粋の漢文、またはそれを日本風にくずした文体で、基本的に漢字だけで書いてあります。

右府、為加階賀被立頼。依無案内無其用意、早々経営。

（「御堂関白記《みどうかんぱくき》」長保二年正月二十六日）

これは、実際には「右府《うふ》、加階の賀のために立ち頼《よ》らる。案内なきによりてその用意なく、早々に経営す」のように、仮名交じりの文章にして読みます。それでも、「右府」「加階」「賀」「案内」「用意」「早々」「経営」など、漢語が多く含まれています。

平安時代の貴族は、一般に、女性は和語、男性は漢語を多く使って文章を書いていました。かといって、女性が漢語を知らなかったわけではありません。人前でひけらかすのは恥ずかしいと考えたのです。このことを示すエピソードが、「枕草子」に出てきます。

作者の清少納言は、誤解がもとで、藤原斉信《ただのぶ》という貴族と絶交状態になります。ところが、やがて先方から手紙が来ます。書いてあったのは、「白氏文集《はくしもんじゆう》」の一節でした。

蘭省花時錦帳下（蘭省《らんしやう》の花の時　錦帳《きんちやう》の下《もと》）

斉信は、「君は、その先の文句を知っているか」と問いかけます。

もちろん、作者は知っていました。その先は「廬山《ろざん》の雨の夜 草庵《さうあん》の中《うち》」というのです。でも、これは漢詩であり、「廬山」「草庵」といった漢語が含まれています。女性の身としては、このような文句を手紙に混ぜて書くわけにはいきません。

そこで、彼女は機転を利かせて、この部分を和歌の句に翻訳して返しました。

草の庵《いほり》を誰《たれ》かたづねむ

すべて和語だけでできた文句です。見事なウイット（気の利いたことば）というほかはありません。斉信はびっくりして、返事も書けませんでした。

このように、昔は、和語と漢語とは、はっきり別物と考えられていました。私たちも、清少納言のレベルまでは行かなくとも、この感覚を持つべきです。

昔と今とで違う点は、今では、なにも和語だけの文章、漢語だけの文章をつづる必要はないということです。日本語の文章は、中世以来、和語と漢語とをうまく織り交ぜて書くようになっています。今の私たちに必要なのは、両者を場合に応じて使い分ける能力です。

◆日記を和語・漢語バージョンで

現代では、和語だけ、漢語だけの文章を書く機会はほとんどなくなりました。でも、あえてそのような文章を書いてみることによって、和語・漢語の感覚を養うトレーニングができます。このトレーニングをもう少し続けましょう。

次に示す文章も、先の国語番組のために作ったもので、山登りについて書いた日記という想定です。ふつうの文章と違うのは、全体を和語だけで書いてあるところです。

(A)○月○日。[1]友だちふたりと三角山へ。[2]幸いにも晴れて、とても心地がよい。[3]登っている時、いきなりおなかが痛くなったが、持ってきた薬をのむとよくなった。[4]ゆうべ食べたものに当たったのだろうか？　[5]昼過ぎ、山の上に着く。[6]見下ろした眺めはこの上なくすばらしく、街が一目で見渡せる。[7]疲れはまったく覚えなかった。

和語だけを使った文章ならではのやわらかさ、分かりやすさを感じてもらえるでしょうか。

もっとも、2の「心地がよい」、7の「覚えなかった」は、それぞれ「気持ちがいい」「感じなかった」としたほうが今ふうです。「気」「感」が漢語だったために避けたのですが、やや古風な言い方になりました。

次に、この文章を、助詞・助動詞や活用語尾などを除いて、すべて漢語に置き換えてみます。すると、ずいぶん感じが変わります。

(B)○月○日。[1]友人二名と三角山へ。[2]幸運にも晴天で、非常に快適。[3]登山中、突然腹痛を感じたが、携帯した散薬を服用すると軽快した。[4]昨夜の食事に中毒したのだろうか？[5]午後、山頂に到着。[6]（　　　　　　　　　　　）。[7]疲労は全然感じなかった。

少しとっつきにくい文章になりました。その代わり、全体がびしっと締まった感じになり、字数も短くなりました。漢語ならではの特徴を感じ取ってください。

ここで、読者にも「漢語による作文」に参加してもらいます。(B)の文章は、一部をカッコにして抜いてあります。これを例題として使うことにします。

例題2
右の(B)の文章のカッコ内に、「見下ろした眺めはこの上なくすばらしく、街が一目で見渡せる」という意味の文を入れてください。ただし、助詞・助動詞・活用語尾以外は、すべて漢語にしてください。

まず、「見下ろした眺め」を書き換えます。「見下ろす」の類義語としては、「俯瞰《ふかん》する」「鳥瞰する」などがあります。「眺め」はさしずめ「眺望」です。でも、「俯瞰した眺望」などという日本語は不自然です。ここは「眼下の眺望」としておきます。

次に、「この上なくすばらしく」。「この上なく」は「最高に」ということです。「すばらしい」は「絶佳」とか「明媚《めいび》」とかいう言い回しがありますが、「最高に絶佳」などは変です。ここはすっきりと、「最高で」とするだけで意味は通ります。

「街」は「市街」「街路」「街衢《がいく》」などと言い換えられます。「市街」でいいでしょう。

最後の「一目で見渡す」は、「一望する」という一語で言い換えられます。

以上の漢語をつなぎ合わせると、簡潔至極な一文ができあがるはずです。

ここまで来たら、もう少し長い文章に挑戦してみましょう。

＊

例題3

次の文章は、俵万智《たわらまち》さんのエッセーの一部です。全体を、和語だけを使って書き換えてください。なお、漢語の部分にはあらかじめ傍線を引いてあります。

もちろん、変化に敏感であることは、今の時代を生きてゆくうえで、とても重要なことだろう。けれど一方、あるいは、だからこそ一方、変化しないものに対して鈍感にならないことも、重要であるように思う。そして案外、そんな中に、大切なことが隠されていたりする。

（俵万智「変化しないもの」『りんごの涙』文春文庫）

俵さんの文章は十分完成していて、これ以上手を入れる必要はないものですが、和語・漢語の書き換え練習のために使わせてもらいます。

初めに注意してほしいのですが、「もちろん」や「ように」の「よう」も漢語です。それぞれ「勿論」「様」と書き、漢字を音読みすることばだからです。

また、和語はともすると長くなりすぎるため、書き換えの作業をしながら、文章全体をできるだけ刈り込んでいくことも必要です。たとえば、「けれど一方、あるいは、だからこそ一方」といった言い回しは、短く削ることができます。

では、主な部分について検討していきます。

「もちろん」は、「言うまでもなく」に言い換えることができます。

「変化」は、ここでは流行の変化のことです。「はやり」「移り変わり」でもいいのですが、後の「変化しないもの」との対比で、「変わるもの」としておきます。

「変化に敏感である」「変化しないものに対して鈍感にならない」は、意訳して、「変わるものを取り入れる」「変わらないものに目を向ける」とします。

「重要」(2か所)、「大切」(1か所)も漢語です。言い換えようにも、類義語は「大事」「肝心」「肝要」など漢語ばかりで、和語がなかなか見つかりません。「どうしても欠かせない」「忘れてはならない」「貴い」などと言い換えることにします。

「一方」は、やや語感は悪くなりますが、「あべこべ」とします。別の文脈なら、「それとは裏腹に」なども使えます。

最後の文の「案外」は、「思いのほか」が一番ぴったりする和語です。

この例題では、漢語↓和語の書き換えをしましたが、同じ文章で、和語↓漢語の書き換えトレーニングもできます。和語バージョン、漢語バージョンでそれぞれ文章を書き換えてみると、漢語では簡単に言える内容が和語では言いにくかったり、その逆だったりすることがよくあります。和語・漢語それぞれの長所・短所が実感できます。

◇例題の解答例

例題1 休みの日に友だちとお芝居を見に行きました。

例題2 眼下の眺望は最高で、市街が一望できる。

例題3

言うまでもなく、変わるものを取り入れることは、今を生きるうえで、どうしても欠かせないことだろう。けれど、あるいはだからこそ、あべこべに、変わらないものに目を向けることも、忘れてはならないと思う。そして思いのほか、そんな中に、貴いものが隠されていたりする。（もとの傍線部にほぼ対応する部分に傍線を引いた）

レッスン3　むだのないことばを選ぼう——決まった字数で書き換える

例題1
次の文章は、夏目漱石『吾輩は猫である』の内容を3行（60字）で紹介したものです。できるだけ情報を省かず、2行（40字）の自然な文章に書き換えてください。

明治の俗物紳士たちの語る珍談・奇譚《きたん》、小事件の数かずを、迷いこんで飼われている猫の眼から風刺的に描いた漱石最初の長編小説。

（新潮文庫　巻末広告より）

またしても、漱石の『猫』を例に出します。実は、私の愛読書なのです。今回は、3行で書かれたこの本の紹介文を、2行に書き換えるという問題です。

「つまり、要約問題ですか」と聞かれるかもしれません。要約は要約ですが、「この文章の主題をまとめましょう」といった、主題理解のための要約問題ではありません。

何しろ、3行を2行にするだけです。1行減らしたところで、書いてある内容はほとんど変わりません。では、何が変わるかというと、文中に使われる語彙です。

3行を2行にするためには、Aという長い語句を、Bというより短い語句に置き換えなければなりません。これは、「い」のつくことばをつかないことばに置き換えたり、和語と漢語を互いに置き換えたりするのと同じで、語彙力をつけるトレーニングです。同じ意味で、しかもむだのないことばに言い換えるための語彙力トレーニングです。

くわしい説明はともかく、まずは、字数を削ってみましょう。

攻めやすいところから手をつけます。1行目に「珍談・奇譚」とありますが、「珍談」も「奇譚」もほぼ同じ意味なので、「珍談」だけで十分です。これで3字減ります。

あるいは、2行目に「飼われている猫」とありますが、これは「飼い猫」とすれば4字節約できます。もっとも、「迷いこんだ飼い猫」では、飼い猫そのものが迷いこんできたようです。もとは野良猫だったのですから、「もと野良の飼い猫」としましょう。

さらには、3行目の「風刺的に描いた」も、単純に「風刺した」で通じます。すると3字減ります。これだけで、すでに10字削ることができました。

明治の俗物紳士たちの語る珍談、小事件の数かずを、もと野良の飼い猫の眼から風刺した漱石最初の長編小説。

あとは、「明治の」は当たり前だから省くとか、「飼い猫の眼から風刺した」をいっそ「飼い猫が風刺する」と縮めるとか、「最初の」を「初の」、「長編小説」を「長編」とするとかいった方法があります。これで、指定の字数にかなり近づきます。

ついでに、文脈上あいまいな部分も直しておきます。「俗物紳士たちの語る」が「珍談」と「小事件」の両方に係るように見えますが、実際に係るのは前者だけです。「珍談を語る俗物紳士たちや小事件の数々」とします。これでぴったり、40字になります。

この例題で求められるのは、要約力とともに、やはり語彙力です。「飼われている猫」を「飼い猫」に言い換えるというふうに、むだのない語句を選ぶ能力が要求されます。

◆要約力を支える語彙力

要約力と語彙力とは別のものですが、まったく関係がないわけではありません。

文章の全体を読んで、その骨組みをぱっとつかむ力が要約力です。ただし、その骨組みを短いことばで書き表すためには、ことばを選ばなければなりません。そこには語彙力が求められます。いわば、語彙力は要約力を支えるものでもあります。

このことは、日本語学者・大野晋《すすむ》さんのベストセラー『日本語練習帳』(岩波新書)を読んでも確かめられます。

同書には、大野さんが大学の授業で実践していた要約トレーニングが紹介されています。大野さんの提唱するトレーニング方法は、きわめてハードです。1400字ほどの新聞社説を、いくつかの段階を経て、最終的に200字ちょうどに要約させるものです。これを30回ぐらい(!)繰り返せば、文章がうまくなると言います。私にその30回のトレーニングがこなせるかどうかは、ちょっと自信がありません。

それはともかく、大野さんは、要約トレーニングを繰り返すことで、いくつかのことが分かるようになると言います。

四〇〇字、または二〇〇字にまとめることを繰り返すと、一字詰めるためには、「しかし」を「だが」に変えるとか、「……なければならない」を「……べきだ」に変えるとかいう工夫が必要になってくる。その反復練習によって、文章には、けっこう贅肉《ぜいにく》があること、姿勢を引きしめて書くと意外に簡潔的確にいえること、書き手が言い換えのさまざまの型を心得ることの必要性が分かるようになるでしょう。（『日本語練習帳』）

「しかし」を「だが」、「……なければならない」を「……べきだ」に言い換えるなどのくふうをすることは、とりもなおさず、語彙力のトレーニングをするということです。先ほどの例題で、「飼われている猫」を「飼い猫」、「最初の」を「初の」などと言い換えてみたのとまったく同じ作業です。

大野さんのトレーニング方法は、１４００字を２００字にする作業を30回繰り返すというものでしたが、語彙力のトレーニングだけならば、そこまでハードにする必要はありません。今しがた試みたように、文庫本の紹介文を書き換えるだけでも十分です。つまり、私は、要約力のトレーニングから、語彙力のトレーニングを分離したのです。この方法なら、誰でも気軽に挑戦してみることができるでしょう。

◆百字の男

この語彙力トレーニングの要点は、文章をきっちり決まった字数で簡潔に書くところです。清水義範《よしのり》さんの「百字の男」という短編小説にも、決まった字数で書くことをとことんまで極めた男の話が出てきます。彼は、新聞社でテレビ欄を担当しており、番組内容をきっかり100字で書くことを自らに課しています。こんな具合です。

順子（緑川千里）の結納もすみ、ほっとする浩一郎（西尾宗一郎）だったが、妙に寂しくてはつ（水谷千賀子）にわけもなくあたったりしてしまう。会社から突然クビを言いわたされたのは、そんなある日のことだった。

（清水義範「百字の男」『深夜の弁明』講談社文庫）

主人公の書く文章は、そのうちに、意図しなくても必ずぴったり100字で終わるようになります。たとえば、社に提出する意見書はこんな感じです。

昨今のマネー・ブームを反映して、マネー情報ページを創設したことは妥当だと考えます。それとは別に、小さなことですが、テレビ、ラジオ欄が手狭になっていますので、それぞれ別ページにしてはどうかと提案します。

主人公の癖は高じて、ちょっとしたメモでも必ず100字になり、やがて、日常の会話でもきっかり100字で話すようになって——と、話は進んでいきます。

小説は文章読本ではありませんから、主人公がどのようにくふうして文章を100字で収めていたのか、その秘訣《ひけつ》は書いてありません。きっと、何度も語句を入れ替えたりして、苦労したのでしょう。語彙力のいいトレーニングになったはずです。主人公の試行錯誤する過程を読んでみたいような気もしますが、これはないものねだりでしょうか。

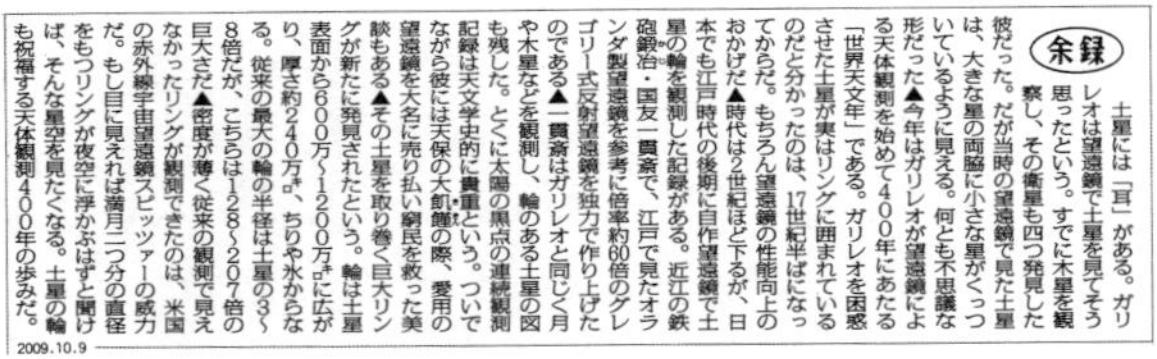

余録

土星には「耳」がある。ガリレオは望遠鏡で土星を見てそう思ったという。すでに木星を観察し、その衛星も四つ発見した彼だった。だが当時の望遠鏡で見た土星は、大きな星の両脇に小さな星がくっついているように見える。何とも不思議な形だった▲今年はガリレオが望遠鏡による天体観測を始めて400年にあたる「世界天文年」である。ガリレオを困惑させた土星が実はリングに囲まれているのだと分かったのは、17世紀半ばになってからだ。もちろん望遠鏡の性能向上のおかげだ▲時代は2世紀ほど下るが、日本でも江戸時代の後期に自作望遠鏡で土星の輪を観測した記録がある。近江の鉄砲鍛冶・国友一貫斎で、江戸で見たオランダ製望遠鏡を参考に倍率約60倍のグレゴリー式反射望遠鏡を独力で作り上げたのである▲一貫斎はガリレオと同じく月や木星などを観測し、輪のある土星の図も残した。とくに太陽の黒点の連続観測記録は天文学史的に貴重という。ついでながら彼には天保の大飢饉の際、愛用の望遠鏡を大名に売り払い窮民を救った美談もある▲その土星を取り巻く巨大リングが新たに発見されたという。輪は土星表面から600万～1200万キロに広がり、厚さ約240万キロ。ちりや氷からなる。従来の最大の輪の半径は土星の3～8倍だが、こちらは128～207倍の巨大さだ▲密度が薄く従来の観測で見えなかったリングが観測できたのは、米国の赤外線宇宙望遠鏡スピッツァーの威力だ。もし目に見えれば満月二つ分の直径をもつリングが夜空に浮かぶはずと聞けば、そんな星空を見たくなる。土星の輪も祝福する天体観測400年の歩みだ。

2009.10.9

横一列に並ぶ▲の記号（毎日新聞社提供）

◆「余録」子の苦労

厳密に決まった字数で文章を書く人は、現実の新聞社の中にもいます。『毎日新聞』のコラム「余録」を担当している筆者のひとり、柳《やな》川《がわ》時《とき》夫《お》さんがその人です。

「余録」「天声人語」「編集手帳」「産経抄」など、新聞の1面コラムは、紙面の節約のため、▲などの記号で段落を示しています。柳川さんは、ある時期から、この▲がきちんと横一列になるように書き、かつまた、文末に1字の空きもないようにしているのです（上図）。

私は、これを初めて見た時、きっと一時の気まぐれなのだろうと考えました。ところが、この方式がずっと続いているので、次第に敬意をこめて紙面を眺めるようになりました。1段落は100字ちょっとですから、字数を合わせるために、まさしく「百字の男」の何回分かの苦労をして、コラム1本を書き上げていることになります。

段落は互いに連関しているため、字数の関係などでひとつの段落のことばを変えると、ほかの段落にある同じことばも変えなくてはなりません。厳密に字数を決めて書くことは、執筆時間の限られたコラムを書く条件としては、かなり過酷なものです。

柳川さん自身は、次のように語っています。

「これは遊び心で始めたのだが、決まった枠に文を収めるために文章の過不足をよく見るようになった。結果的にそれが内容を厳しく見ること、つまり推敲につながった」

（『毎日新聞』夕刊　２０１０年2月5日）

ここに述べられている「内容を厳しく見る」「推敲」という営みは、私の言う語彙力トレーニングとも重なります。一見遊びのようであっても、語句を選択する力が高められることが、柳川さんの証言からも分かります。

決まった短い字数で書くということで言えば、『朝日新聞』の投書欄「声」も、それぞれの投書のタイトルを厳密に13字に決めてあります。ある日の紙面ではこうです。

時代遅れの年齢制限は撤廃を　　ふと出る差別意識警戒したい

女性自立へ配偶者控除見直せ　子どもに残そう夜空に輝く星
（『朝日新聞』２００９年10月9日「声」欄）

これは、いわば、紙面担当者が「13字による文章要約」という困難な作業をしているのです。それと同時に、的確な語彙を選ぶトレーニングにもなっています。今はこのように13字ですが、以前は、6字ずつ2行、合計12字でまとめてありました。

ケータイ小説／非難は間違い　新語で壊すな／正統な日本語
あのおばさん／一生忘れない　政治の分かる／大人になろう
（『朝日新聞』２００８年5月11日「声」欄）

これだと、単語が2行にまたがってはならないので、今よりも厳しい条件だったと言えます。もう何十年もこの方式でしたが、さすがに締め切りに間に合わないという意見が出たのか（?）、近年、1行13字のタイトルに変わりました。

◆句の音数を決めて書く

字数を決めて書く文章の中には、きわめて特殊ですが、それぞれの句の字数（音数）まで決めるものがあります。たとえば、俳句や短歌は、17音、31音という全体の音数を規定するだけでなく、それぞれの句の音数も、5・7・5または5・7・5・7・7に決められています。句の音数を制限してあることが、独特の表現を生み出す源泉になっています。

俳句や短歌そのものをどうやって作るかということは、文学の問題なので、私には論じられません。私が注目するのは、句の音数を短く決めて書くという部分です。ふつうの文章を書くときにも、あたかも俳句や短歌を作るように、それぞれの句の音数を決めて書いてみると、これもまた語彙力のトレーニングになります。

たとえば、新聞社説の句の音数を7音に決めて書くと、どうなるでしょうか。

アメリカのオバマ大統領がノーベル平和賞を受賞した時の社説を題材に取り上げてみます。まず、原文を示します。

今年のノーベル平和賞に、オバマ米大統領が決まった。「核兵器なき世界」の実現を唱え、世界の将来に希望を与えたのが受賞理由だ。（『日本経済新聞』２００９年10月10日）

これを、それぞれの句が7音になるように書き改めると、次のようになります。

今年のノーベル平和賞には、オバマ・アメリカ大統領が決定したと発表された。「核なき世界」のビジョンを描き、世界に示した行動力が受賞の主な理由とされた。

実際に声に出して、ラップのようにリズムをつけて読むと、基本的に7音が連続していることが分かるはずです。「／」の印ごとに区切って読んでみてください（一部の句は8音になっています。これについては後述）。

今年のノーベル／平和賞には／オバマ・アメリカ／大統領が／決定したと／発表された。／「核なき世界」の／ビジョンを描き／世界に示した／行動力が／受賞の主な／理由とされた。

いわゆる「七七調」の文になっています。

中に8音の句があるのは「字余り」です。冒頭の「今年のノーベル／平和賞には」は、8音・7音の連続です。古来、和歌では、母音が含まれる句には字余りが許されていました（リズムを損なわないからです）。「ことしのノオベル」の「オ」は母音なので、ここは8音でもいいことにしておきます。

もとの文章は、「今年のノーベル／平和賞に」と、8音・6音の連続でした。6音は許されないので、1音足して、「平和賞には」と7音に改めました。次の「オバマ米／大統領が」は、5音・7音だったので、前者に2音足して、「オバマ・アメリカ／大統領が」に変えました。こんなふうにして、文章の意味をできるだけ変えずに、句の音数を7音の連続になるように改めていきました。

このトレーニングを、読者にも一緒にやってもらうことにします。

例題2

次の文は、右の社説の続きです。文中のそれぞれの句を、ほぼ7音でまとまるように書き換えて、全体を七七調の文にしてください。なお、ふつうの書きことばとして自然であるように、また、全体が長くなりすぎないように注意してください。

> ノルウェーのノーベル賞委員会は、国連の役割を尊重した国際協調、対話重視の紛争解決、地球温暖化問題での建設的な役割なども重視した。

頭から見ていきましょう。最初の部分は、「ノルウェーの」だけですでに5音使っているので、残りは2音です。「ノルウェーにある」ならば7音に収まりますが、「ノルウェーにある／ノーベル賞の……」としては、むだに長くなります。そこで、国名の「ノルウェー」を、首都の名「オスロ」に変えてしまいます。すると、「オスロの授賞／委員会では」と、7・7にすることができます。

次の「国連の役割を尊重した国際協調」とは、要するにどういうことかと言うと、「国連主義」のことです。それで、「国連主義の／協調姿勢」とすれば、7・7です。

その次は、「対話重視の／紛争解決」と、そのまま区切れば、7・8となります。しかも、「ふんそうかいけつ」には母音「う」「い」が含まれています。そこで、この部分は字余り（前述）として、7・8のまま生かすことにします。

続く部分には「地球温暖化問題での」ということばが出てきますが、うまく7音ずつに切れません。そこで、「地球温暖化」と似た別の言い方はないかと考えると、「気候変動」ということばがあります。これを利用して、「気候変動／対策なども」としておきます。最後の部分です。「建設的な／役割なども／重視した」と、7・7・5となっていて、ほぼ完成です。文末を「重視している」とでも直せば、最後も7音になります。ただ、これまで7・7でペアになっていたのに、ここだけ7・7・7では、偶数句で終わらなくなります。そこで、ここも強引に7・7のペアに縮めてしまいます。やや意訳して、「広く評価の／対象とした」とまとめます。

このトレーニングがむずかしいのは、句の音数が短いため、ちょっと気を抜くと、非常に不自然な日本語になってしまうところです。短い音数で書くからといって、電報の文のようになってはいけません。できあがった文を読んで、7音の連続になっているのが分からないほど自然に書けていれば、「七七調」の書き換えは成功です。

◇例題の解答例

例題1

珍談を語る俗物紳士たちや小事件の数々を、もと野良の飼い猫が風刺する漱石初の長編。

例題2

オスロの授賞委員会では、国連主義の協調姿勢、対話重視の紛争解決、気候変動対策なども広く評価の対象とした。

第2章

表現力をつけるレッスン

表現とは、意味の広いことばですが、ここでは、自分がイメージするものやできごと、様子などを、相手に伝えることを指します。自分のイメージをなるべく損なわずに相手に伝えられる人は、表現力のある人です。ことば足らずではイメージが伝わらないのは当然ですが、ことばを多くしても必ずしも伝わらないのが、表現のむずかしいところです。相手の立場になり、この表現で分かるだろうかと考えつつ、トレーニングを試みてください。

レッスン4　誰の行為かをうまく表そう――主語を使わずに書き換える

例題1

次の文章から、主語をできるだけ消去し、かつ、自然な文章にしてください。

[1]ピアノのレッスンにいったとき、うすちゃとしろのこねこがいました。〔略〕ス[2]トーブのそばで、体をちぢめてねむっていました。[3]ぼくがそばへいくと、目をあけ、足をのばしたり体をなめたりしていました。[4]ぼくがだくと、つめをぎゅっと出してじゃれました。[5]ねこがこたつにはいったので、ぼくがのぞいてみました。[6]中でねこが耳をかいていました。〔下略〕

（小学1年生の作文。句読点改める）

ピアノの先生宅でのひとときを描いた文章です。登場するのは「ぼく」と「うすちゃとしろの〔模様の〕こねこ」で、主語となっているのはこの両者だけです。

設問では、主語をできるだけ消去せよとあります。よく、「主語をはっきり書きなさい」とは言われますが、設問はまったくその逆です。主語を消してしまっては、意味が通じなくなってしまいそうです。でも、必ずしも主語によらなくても、人物の行為などを言い表すための方法はいろいろあります。

今回のねらいは、それが誰《だれ》の行為・様子であるかということを、主語以外のさまざまな方法を用いて表現する力をつけることです。表現力のトレーニングのひとつです。

まず、第5文を見てください。「ねこがこたつにはいったので、ぼくがのぞいてみました」。この部分の「ぼくが」はなくてもいいと思いませんか。ここは、「ねこがこたつにはいったので、のぞいてみました」とするほうが、むしろ自然だし、この書き方でも、「のぞい」たのが「ぼく」であることは一目瞭然《りょうぜん》です。

これには理由があります。日本語では、「〜が〜したので」「〜が〜すると」「〜が〜したのに」などの言い回しを使うと、直後の主語が変わるのが、暗黙の了解事項なのです。たとえば、「ぼくが100点を取ったので、とても機嫌がよかった」とあれば、「機嫌がよかった」のは「ぼく」以外の人物、たとえば「お母さん」です。自分が機嫌がよかった場合は、

「ぼくは、100点を取ったので、とても機嫌がよかった」と「は」を使います。

この第5文も同じです。「ねこがこたつにはいったので」と来れば、直後の主語が変わります。しかも、登場人物はほかに「ぼく」だけなので、「のぞいてみました」と書くだけで、「ぼく」であることが分かるのです。

そういう目で見ると、第3文・第4文も、これと同じ形式の文です。「ぼくがそばへいくと」「ぼくがだくと」というふうに、「〜が〜すると」の形になっています。直後に主語が変わることが分かるので、ここでも、「ねこは」と主語を書く必要はありません。

さらに考えてみると、最初の第1文以外は、そもそも、「ぼくが」も「ねこが」もいらないことに気づきます。というのも、この文章は、「ぼく」の視点で書かれているので、おのずと、「ぼく」の行為と、「ねこ」の行為とでは書き方が違っているからです。

たとえば、第3文の「そばへいくと」は、「ぼく」の行為だと分かります。もし「ねこ」の行為なら、「そばへ来ると」になるはずです。

また、先に触れた第5文の「のぞいてみました」は、「試しにそうしてみた」ということで、心の中を表すことばです。このことからも、「ぼく」の行為だと分かります。

一方、「体をちぢめてねむっていました」「なめたりしていました」「じゃれました」「耳をかいていました」などの描写は、どれも目で観察したことです。したがって、自分以外のもの、つまり「ねこ」のことを言っていると分かります。

結果として、この文章の中で、なくては意味が分からなくなる主語は、第1文の「うすちゃとしろのこねこ」だけです。驚くべきことに、残りの5つの「ぼくが」「ねこが」は、なくても通じるのです。若干の手直しを加えれば、主語がないほうが自然になります。

誰がその行為をしたかを表現するためには、主語以外にさまざまな方法が使われていることが分かってもらえたでしょうか。

ちなみに、ここに掲げた文章は、私が小学1年生の時に書いた作文です。

◆主語がないのがひとりなら自分自身

日記や一人称の小説では、自分を指す主語がさっぱり出てこないことがめずらしくありません。日本語では、「主語のない人物がひとりだけの場合、まずは自分自身を指す」というルールがあるからです。

その典型例が、夏目漱石《そうせき》『坊っちゃん』の冒頭です。書き出しから実に原稿用紙約6枚分が経過するまで、主人公の行為にはまったく主語が示されていません（井上ひさし『私家版日本語文法』〈新潮文庫〉の指摘による)。以下の冒頭部分の引用のうち、傍線部が主人公の行為です。主語が出てこないことを確かめてください。

親譲りの無鉄砲で小供《こども》の時から損ばかりしている。小学校に居る時分学校の二階から飛び降りて一週間程腰を抜かした事がある。なぜそんな無闇《むやみ》をしたと聞く人があるかも知れぬ。別段深い理由でもない。新築の二階から首を出していたら、同級生の一人が冗談に、いくら威張っても、そこから飛び降りる事は出来まい。弱虫やーい。と囃《はや》したからである。小使《こづかい》に負ぶさって帰って来た時、おやじが大きな眼をして二階位《ぐらい》から飛び降りて腰を抜かす奴《やつ》があるかと云《い》ったから、この次は抜かさずに飛んで見せますと答えた。

(『坊っちゃん』)

主語がないにもかかわらず、その行為をした人が「坊っちゃん」を指していることは、誰にでも分かります。読者には、先の日本語のルールが分かっているからです。

もし、この文章に、「おれは、親譲りの無鉄砲で小供の時から損ばかりしている」「おれは、小学校に居る時分……」と、いちいち主語を入れると、しつこくて堪えられない文章になります。漱石はそれを避けて（べつに意識しなくても、ごく自然に）、「主語のない人物がひとりだけの場合、まずは自分自身を指す」という日本語のルールを適用したのです。

こんなルールは、漱石ならずとも、誰にでも守れそうです。でも、実際には、新聞などに、「私は」が連続する文章がしばしば現れます。次の例は、日本オリンピック委員会に新しく就任した理事（当時）の文章です。

私は今年度から日本オリンピック委員会（JOC）の理事になった。国際オリンピック委員会（IOC）が各国の国内委員会に女性の起用を促していることもあり、竹田恒和会長の推薦枠による選出だった。〔略〕
理事就任に伴い、JOCのアスリート専門委員会の委員長を任された。〔略〕
私は、これまでIOC総会などに出て痛感していることがある。〔略〕
私は先月、スイスであったIOCのアスリートフォーラムに参加した。〔略〕
私は〔3つの分科会のうちの〕①に参加したが、〔略〕
私は〔略。今後の課題として〕ドーピングの知識をみなで深め、「うっかりドーピング」の被害者を出さないことがあると思っている。〔下略〕

（『朝日新聞』２００５年7月23日）

このように、大半の段落の初めが「私は」で始まっています。これは稚拙な印象を与え、内容を読もうという読者の意欲をそいでしまいます。

これらの「私は」は、（前後を少し手直しすれば）すべて除くことができます。たとえば、冒頭の部分は、単に、

「今年度から日本オリンピック委員会（ＪＯＣ）の理事になった」

としても、まったく問題ないところです。

◆敬語によって行為者を示す

日本語で主語を示さなくてもすむもうひとつの場合は、敬語が関係する場合です。ある行為をした人が相手側であれば尊敬語を使い、自分側であれば謙譲語を使います。このルールを適用すれば、主語によらなくても、行為者を区別することができます。

たとえば、次の文章は、私が最近受け取ったメールです。主語はまったく使われていませんが、誰の行為について言っているのかは明らかです。

[1]このたびは、○○誌へのご寄稿のお願いにつきまして、ご快諾を賜り、厚く御礼申し上げます。

[2]たいへん遅くなりましたが、執筆要領を添付ファイルにてお送りいたします。

[3]ご多忙のところとは存じますが、よろしくご協力くださいますようお願い申し上げます。

（一部修正）

1の「ご寄稿」「ご快諾」、3の「ご多忙」「ご協力くださいます」は相手のことなので、尊敬語を使っています。一方、1の「お願い」「賜り」「御礼申し上げます」、2の「お送りいたします」、3の「存じます」「お願い申し上げます」は、自分のことなので、謙譲語を使っています。これで、主語がなくても十分意味が通じます。

敬語で行為者を区別するというと、古文の授業を思い出す人も多いでしょう。古文では、「私は」「彼は」などと主語を明示することが、ほとんどありませんでした（「彼」「彼女」がさかんに使われだしたのは、明治・大正時代以降のことです）。にもかかわらず、誰の行為かが分かるのは、文末の敬語を細かく使い分けているからです。

たとえば、「源氏物語」の一場面で、光源氏が、小君《こきみ》と呼ばれる少年を初めて召し寄せる場面は、次のように書いてあります。

[1]召し入れて、いとなつかしく語らひたまふ。[2]童《わらは》心地にいとめでたくうれしと思ふ。[3]妹《いもうと》の君のこともくはしく問ひたまふ。[4]さるべきことは答《いら》へ聞こえなどして、恥づかしげにしづまりたれば、[5]うち出でにくし。[6]されどいとよく言ひ知らせたまふ。

（「源氏物語」帚木《ははきぎ》巻）

いきなり古文を読まされて戸惑った人のために、私の訳を添えておきます。

[1]〔源氏は〕小君を呼び入れて、親しくお話しになる。[2]〔小君は〕子ども心にも、立派な人だ、うれしいな、と思う。[3]〔源氏は〕姉君のこともくわしくお尋ねになる。[4]〔小君は〕聞かれたこと以外は、恥ずかしそうに黙っているので、[5]〔源氏は〕頼みごとを切り出しにくい。[6]〔源氏は〕それでも、よくお言い聞かせになる。

原文には主語がまったく示されていません。それでも、1・3・5・6は源氏、2・4は小君のことだと分かります。源氏には尊敬語を使い、小君には使っていないからです。

源氏の行為には、1「語らひたまふ」、3「問ひたまふ」、6「言ひ知らせたまふ」など、尊敬語「たまふ」が使われています（5は形容詞で終わっているので尊敬語はない）。一方、小君の行為には、2「うれしと思ふ」、4「しづまりたれば」のように、動詞がそのまま使われています。よく、古文はあいまいだと言われますが、あいまいどころか、それが誰の行為か、文末などの敬語によって、しつこいほど示されているのです。

敬語によって行為者を区別することは、「源氏物語」の昔から今に至る、日本語の語法の特徴です。ちょうど、英語の動詞で、sがつけば三人称を表すのにも似ています。敬語は、敬意を表すだけでなく、人称を区別するという文法的な役割も担っています。

◆行為者を示す4つのルール

前々節と前節とで、主語を示さずに行為者を示すルールを2つ取り上げました。

①主語のない人物がひとりだけの場合、まずは自分自身を指す。

②敬語によって区別する。尊敬語ならば相手側、謙譲語ならば自分側。

これに、例題1で触れた2つのルールを加えておきます。

③「～が～ので」「～が～と」「～が～のに」などのあとは行為者が変わる。
④視点が自分にあることばを使うと、行為者が区別できる。

③のルールによって、「ねこがこたつにはいったので、ぼくがのぞいてみました」という文では、「ぼくが」の部分はなくてもいいと説明しました。もっと正確に言えば、主語を示す「～が」が条件句（「～ので」「～と」「～のに」などで受ける部分）の中にあれば、そのあとは行為者が変わるということです。

このルールを知っていれば、たとえば、次のような文章を読むときにも迷わずにすみます。川端康成『伊豆の踊子《おどりこ》』で、主人公の「私」が「踊子」と別れる場面です。

はしけはひどく揺れた。踊子はやはり脣《くちびる》をきっと閉じたまま一方を見つめていた。私が縄梯子《なわばしご》に捉《つか》まろうとして振り返った時、さよならを言おうとしたが、それも止《よ》して、もう一ぺんただうなずいて見せた。
（『伊豆の踊子』）

ここで、「さよならを言おうとした」のは誰か、分かりますか。うっかり読むと「私」だと受け取りかねません。でも、直前の「私が縄梯子に捉まろうとして振り返った時」の部分は、「ねこがこたつにはいったので」と同じく、「〜が」が条件句に使われています。したがって、このあとは行為者が変わります。つまり、「さよならを言おうとした」のは「踊子」です（細川英雄『日本語を発見する』〈勁草《けいそう》書房〉による）。

④のルールについては、「行く」「来る」などを取り上げて説明しました。「ねこ」と「ぼく」しかいない場面では、「そばへ行く」と言えば、主語がなくても、「ぼく」の行為だと分かります。「行く」は、自分の視点から見て、相手に近づくことを言うからです。逆に、「そばへ来る」と言えば「ねこ」の行為だと分かります。

視点が自分にあることばは、ほかに、「あげる」「くれる」「もらう」などがあります。

子ども会で手品をしてあげたら、よろこんでくれた。

この文には主語がありませんが、行為者が誰かということは分かります。「手品をしてあげた」のは「私」です。「あげる」は、自分から他人に利益を与えることを言うからです。また、「よろこんでくれた」のは自分以外の人、つまり「子どもたち」です。「くれる」は他人が自分に利益を与えることを言うからです。

主語によらなくても行為者を示すルールは、以上の4つが基本です。このルールになじんでもらうため、例題を出しましょう。

例題2

次の文章は、ディケンズの小説『デイヴィッド・コパフィールド』の直訳です。傍線部の人称代名詞をできるだけ消去し、しかも、自然な文章にしてください。

〔寄宿学校に向かう途中の幼い「私」は、宿屋の給仕にだまされ、食事を奪われる〕

こうもプリンをうまそうに食べる人間を私[a]が見たことはなかったと、私[b]は思う。

すっかりなくなると、彼[c]（＝給仕）の舌に残る味わいを楽しむかのように、彼[d]は笑った。
彼[e]が非常に気さくで親しみやすい人物だと分かったので、そこで初めて私[f]は、ペゴティー（＝実家の召し使い）に手紙を書くために、ペンとインクと紙とを頼んだ。彼[g]は即座にそれを持って来たばかりか、私[h]が手紙を書く間、親切にも私[i]の背後から見ていた。私[j]が書き終えた時、彼[k]は私[l]に、私[m]がどこの学校に行くのか尋ねた。

(Charles Dickens, *David Copperfield*, Chapter 5による)

以上は、私がディケンズの原文を、あえてそのまま日本語にしてみたものです。英語では、主語や目的語などに人称代名詞が頻繁に現れます。中学生や高校生に英文和訳をさせると、ちょうどこんなふうに、代名詞をすべて律儀に訳して、「彼は」「彼は」と繰り返す人がいます。これではかえって読みにくくなります。

まず、日本語として明らかに不自然なのは、行為者が変わらないのに、一文の中で何度も同じ人称代名詞が出てくる箇所です。たとえば、冒頭で「私[a]が……私[b]は思う」と繰り返されていますが、ａの「私が」はよけいです。同様に、ｃの「彼の」、ｉの「私の」、ｌ・ｍの

「私に」「私が」なども、なくてもいいところです。

「①主語のない人物がひとりだけの場合、まずは自分自身を指す」というルールを使うなら、「[a]私が……[b]私は思う」の部分は、aだけでなくbの「私は」も削ることができます。「こうもプリンをうまそうに食べる人間は見たことがなかった」と書くだけで、「私」の経験を言っているのは分かります。

「③『～が～ので』『～が～と』『～が～のに』などのあとは行為者が変わる」というルールも使えます。第2段落冒頭「[e]彼が非常に……だと分かったので、そこで初めて[f]私は……」の「私は」はなくても分かります。また、最終文の「[j]私が書き終えた時、[k]彼は……」も、同様の構造なので、「彼は」はやはり不要です。

「④視点が自分にあることばを使うと、行為者が区別できる」というルールも適用できます。「[g]彼は即座に……背後から見ていた」の部分は、彼の行為に「くれる」（他人が自分に利益を与える）を使えば、gの「彼は」はいらなくなります。「即座に持って来てくれたばかりか、私が手紙を書く間、親切にも背後から見ていてくれた」とすれば、彼の行為であることは表現することができます。

このほか、同じ行為者が文をまたぐ場合も、主語が繰り返されるとうるさくなります。

[d]「彼は笑った。……[e]彼が非常に……」「[h]私が手紙を書く間……。[j]私が書き終えた時……」の、e「彼が」やj「私が」も、取ってしまっていいでしょう。すると、残るのは「[d]彼は笑った」の「彼は」、「[h]私が手紙を書く間」の「私が」だけということになります。ところが、新潮文庫の中野好夫訳を見ると、dの「彼は」も消去して、hの「私が」だけを残しています。私の考えよりも多く省いています（後ろの解答例には、中野訳を示しておきます）。

この中野訳からも明らかなように、原文でa〜mの13か所あった人称代名詞は、日本語ではほぼすべて削ることができます。これで意味が通じるのだから驚きです。日本語では、行為者を示すにあたり、主語以外の要素が大きいということが、よく分かります。

◇例題の解答例

例題1

[1]ピアノのレッスンにいったとき、うすちゃとしろのもようのこねこがいました。[2]ストーブのそばで、体をちぢめてねむっていました。[3]そばへいくと、目をあけ、足をのばしたり体をなめたりしていました。[4]だいてやると、つめをぎゅっと出してじ

やれました。こたつにはいったので、のぞいてみたら、中で耳をかいていました。

（第1文、「もようの」を入れた。第4文「だくと」→「だいてやると」。第5文「のぞいてみたら」と続けた）

例題2

とにかく、これくらいプディングをうまそうに食べた人間は、見たことがない。すっかり平らげてしまうと、まだ後味《あとあじ》だけは続いてでもいるかのように、声をあげて笑った。

そんなふうで、ひどく上機嫌で心安く思えたから、この時とばかり、ペゴティーに手紙を書く、紙とペンとインキとを頼んでみた。さっそく持ってきてくれたばかりか、親切にも、私が手紙を書く間、じっと立って、のぞき込んでくれる始末だった。書き終ると、いったい、どこの学校へ行くのだ、と訊《き》く。

（中野好夫訳『デイヴィッド・コパフィールド』新潮文庫）

レッスン5　独り合点を避けよう——必要十分な内容に書き換える

例題1

次の文章は、ある女性タレントがブログで行った報告です。情報を加えたり削ったりして、必要十分な内容にしてください。なお、情報を加える場合は、あとの「補足」を参考にしてください。字数は、ほぼもとのまま（218字）にしてください。

きょうは、とても打ちのめされるできごとがありました。このブログも、どう書けばいいかと、今までためらっていました。このまま日付が変わるのもいやなので、とりあえず書いてはいますが。

来週になれば、くわしいことをお知らせできるでしょう。いえ、お知らせしなくてはなりません。がっかりさせてしまうかもしれないけど、直球勝負で気持ちを伝えるためには、ほかに方法がなかったのだと理解してもらえればありがたいのですが……。どうか、来週まで待ってください。

（実例をもとに再構成した文章）

〔補足〕

後日の記述によれば、「打ちのめされるできごと」とは、発売予定の商品に文字の印刷ミスがあったこと。発売直前だったため、発売延期はせずと決定された。

最初、ブログの記述を読んだファンの間には衝撃が走ったそうです。当時の報道によれば、「事件に巻き込まれたか」「引退か」と騒然となり、「何が発表されても、すべて受け入れる」と覚悟を決めた人もあったようです。

私も、ブログの原文を確認したかぎりでは、筆者の身に大変なことが起こったのだろうと受け取りました。ところが、事実は「補足」に記したとおりで、予想されたほど大きな問題ではありませんでした。

正式発表前だったので、筆者は具体的に書くことを控えたのかもしれません。でも、必要最低限のことまでもぼかしたため、ファンの間に混乱を生じてしまいました。あまりくわしくは書けないにしても、ファンを心配させない程度には情報を入れておくべきでした。

文章の筆者は、自分が分かっていること、すでに知っていることは、つい書き漏らしがちです。また、筆者自身にとっては問題でも、読者には関係のないことを、つい書き加えてしまいがちです。結果として、独り合点の文章になってしまいます。

ここで行おうとすることは、そうした文章に「必要」な情報を加え、かつ、不必要な部分を削って「十分」な内容にすることです。「必要十分」な表現のトレーニングです。

では、このブログの文章は、何を加え、何を削ればいいでしょうか。やってみましょう。

まず、第1段落にはおわびの文が必要です。「打ちのめされるできごと」は自分だけに関することではなく、むしろ、ファンに関係することだからです。「このまま日付が変わるのもいやなので、とりあえず書いてはいますが」という部分は削り、代わりに、率直なおわびのことばを入れておきます。

きょうは、とても打ちのめされるできごとがありました。このブログも、どう書けばいいかと、今までためらっていました。皆さんにも申しわけないことになりました。本当にごめんなさい。

次に、第2段落では、何について謝っているのか、最低限の情報を明らかにしておきます。少なくとも、「自分の身」「自分の将来」に関することでないことだけは示さなければなりません。私ならこう続けます。

実は、今度発売予定の商品にミスが見つかったんです。くわしくは来週にも発表します。

この程度なら、正式発表前に書いたってかまわないでしょう。「ミス」が差し支えるならば、「今度発売予定の商品に関することなんです」程度でもやむをえません。

ほかには、「直球勝負で気持ちを伝えるためには、ほかに方法がなかった」といった、分かりにくい部分を削ります。代わりに、「発売延期」などの事態でないことを示すため、

私たちの決定にはいろいろ意見があるかもしれません。でも、今の私の世界を、少しでも多くの人々に届けたいから、と理解してもらえればありがたいのですが……。

とでもすれば、ファンも「発売延期はないな」と察しがつくはずです。

◆コーチングとは何のこと？

例題の文章は、盛りこまれた情報が必要十分ではないものでした。同じようなタイプの文章の例をもうひとつ出します。

「コーチングの効用」と題する文章が、大学の広報誌に載ったことがあります。筆者は「コーチング」の専門家です。まず、冒頭には、「コミュニケーションの質を上げることは人生の価値を高める」と、コミュニケーションの大切さについて述べる段落があって、さらに、次のように続きます。

近年、日本でもコーチングと言う言葉が少しずつ聞かれるようになってきましたが、このコーチングを学ぶことでコミュニケーションの質を飛躍的に向上させることができます。その根底にある考え方は、「その人が目標を達成できるよう、今まで気付かなかった視点や新しい行動を自らが創り出せるよう、会話を通して継続的にサポートすること」ということなのですが、企業や組織、学校や家庭においても使え、応用範囲が広いのです。

（『早稲田学報』２００４年10月号）

以下、コーチングを受けるとどういういいことがあるかが述べてあります。まさに、タイトルどおり、「コーチングの効用」について述べた文章です。

ところが、少なからぬ読者の頭には、ひとつの疑問が残るはずです。すなわち――「そもそも、コーチングって、何のことだ？」

現在のところ、コーチングについてよく知っているという人は、まだ一部にとどまります。大半の人は、まずコーチングそのものについて説明がなければ、その効用を説かれても、何のことだか分かりません。

引用文中には、コーチングの「根底にある考え方」の説明はありますが、コーチングがどういうものか、どんなことをするものかについては書いてありません。筆者にとっては、あまりにも当然のことで、そこまで説明する必要を感じなかったのかもしれません。でも、これは致命的なミスです。

私の理解では、コーチングとは、カウンセリングに似たものです。相談者自身に語らせて、本人の目標達成に必要な能力を引き出します。こういった基礎知識については、一通りの説明がぜひともほしいところです。

一方、この文章の冒頭では、「コミュニケーションの質を上げることは人生の価値を高める」と、一段落分を使って力説しています。でも、コミュニケーションが大事なことは誰にも分かるし、特に具体例が挙がっているわけでもないので、ここは不必要な情報です。

つまり、この文章は、読者にとって最も必要な情報を漏らし、代わりに不必要な情報が入り込んだ文章、情報内容が必要十分でない文章ということになります。

◆国語辞典の語釈を書いてみる

必要十分な文章を書くためには、効果的なトレーニング方法があります。それは、奇妙に思われるかもしれませんが、国語辞典の語釈（意味の説明）を書いてみることです。

私は国語辞典の編纂《へんさん》にたずさわっています。辞書をつくる仕事の内容は多岐にわたりますが、その中に、それぞれの項目の語釈を書くという作業が含まれます。これが必要十分な文章を書くトレーニングそのものであることを、私は経験を通して学びました。

国語辞典の語釈を書くうえで大切なのは、「そのことばは、要するにどういう意味か」を簡潔に示すことです。よけいな情報をつけてはいけません。また一方、情報を削りすぎて、そのことばが具体的にイメージできないような説明になっても困ります。つまり、国語辞典の語釈は、必要かつ十分な情報が求められます。

たとえば、「銀塩《ぎんえん》」ということばがあります。写真好きの人ならご存じでしょう。国語辞典の最新版に、この項目を載せることになりました。まず、簡単な語釈を考えました。

銀塩　〔カメラで〕フィルムや感光板に塗ってあるもの。「―写真」

これではまだイメージが漠然としています。なぜフィルムにそんなものを塗ってあるのかが分かりません。また、「感光板」ということばもあまり聞きません（感光板とは、フィルム登場以前の写真乾板などを指すことばです）。

語句を加えたり削ったりして、いじり回した結果、次のようにまとまりました。

銀塩　フィルムに塗ってある塩化銀などの感光乳剤。「―フィルム・―写真・―カメラ〔＝銀塩フィルムを使うカメラ。（↔デジタルカメラ）〕」

（『三省堂国語辞典』第6版〈三省堂〉。書式改める）

銀塩というのは、要するにフィルムに塗る感光剤です。デジタルカメラの普及により、フィルムを使う従来の機械を「銀塩カメラ」と呼ぶようになりました。国語辞典で説明しなければならないのは、「銀塩」が感光剤であること、「デジタル」と対比的に使われることの2点です。これらを補ったことで、必要な情報を含んだ語釈になりました。

一方、現代では、感光板というものはほとんどお目にかかりません。語釈の中で触れたとしても、読む人に分からないし、かえってことばの理解をさまたげるおそれがあります。こういう部分は、思いきって削ってしまいます。これで、よけいな情報を除いた(つまり、これで十分、という程度の情報を含んだ)語釈になりました。

「銀塩」に限りません。どの項目の語釈を書くときにも、情報が必要十分になるように推敲します。この作業を、えんえん何千語について行います。いやでも情報量の必要十分ということを意識するようになります。

読者の大部分は、辞書の項目を書く仕事をすることは、おそらく一生ないでしょう。でも、何かのことばについて短い説明を書く練習は、その気になれば、すぐにでもできます。せっかくなので、ひとつ簡単な例題を出しましょう。

例題2 「政治」ということばの意味を、国語辞典ふうに書いてください。内容は、必要かつ十分なものにしてください。（制限字数・40字）

政治（　　　　　　　　　　　　　　　　　　　　）

「私は政治学の理論を知らないので、語釈は書けません」などと尻込《しりご》みしないでください。国語辞典は、百科事典とは違います。ごくふつうの文脈で、人々が「政治」ということばをどういう意味で使うかを考えればいいのです（ここでは、「社内の政治に熱中する」のような使い方ではなく、国や地方で行う政治について考えてください）。

ちなみに、大型の国語辞典を引くと、「政治」の項目には次のように書いてあります。

政治　人間集団における秩序の形成と解体をめぐって、人が他者に対して、また他者と共に行う営み。権力・政策・支配・自治にかかわる現象。主として国家の統治作用を指すが、それ以外の社会集団および集団間にもこの概念は適用できる。

（『広辞苑《こうじえん》』第6版〈岩波書店〉。書式改める）

かなりむずかしい説明です。大型辞書には、百科事典的な性格もあるので、「政治とは何か」と深く考える人向きの語釈になっています。その意味では、これで必要十分な内容と言えるかもしれません。ただ、日常的な文章を書くときに参考にしてもらう辞書の語釈には、別の必要十分条件があります。

ここでは、次の2点が説明されていれば、必要かつ十分と考えていいでしょう。

・「政治」とは、何のために行うものか
・「政治」とは、その目的のために、国や地方がどうすることか

先の大型辞書の語釈から離れて、単純に考えてください。ごく日常的な感覚に従って書けばいいのです。ただし、40字という制限字数は超えないでください。ちなみに、先の「銀

塩」の語釈は、用例も含めて63字でした。
答案を書き終わって、後ろの解答例を確かめたら、そのあとで、自分の持っている国語辞典の語釈とも比べてみてください。そこにはまた違ったタイプの語釈が書いてあるかもしれません。その語釈は必要かつ十分でしょうか。

*

国語辞典の語釈を書くことは、必要十分な内容の文を書くトレーニングになります。これができれば、ちょっとまとまったことを文章にするときにも、必要十分な内容が盛り込めるでしょう。次の例題では、辞書の語釈よりは少し長い文章を書くことを試みます。

例題3
次の文章は、テレビ番組の「ほぼ100円ショップ」というコーナーの感想をブログに書いたものです。これを必要かつ十分な内容に書き換えてください。情報を加える場合は、あとの「実際の番組内容」から選んでください。（制限字数・140字）

ほぼ１００円ショップ。
今回の値段にはビックリしました(@_@)
だって、堀北真希《ほりきたまき》ちゃんなんてすごい買い物ばっかりしちゃってたし。。
でも大笑いさせてもらいました＼(^o^)／

（ブログの文章による。絵文字含め85字）

〔実際の番組内容〕
「ほぼ１００円ショップ」のコーナーに、堀北真希・生田斗真《いくたとうま》が出演。ショップの棚には、１００円の商品と高額の商品とが混在している。見た目を頼りに、１００円の商品を選び取るゲーム。うっかり高額の商品を選んでも、代金は自腹で払う。
堀北は帽子・足ふきマットなどを手に取って調べる。やがて古着らしい白いパーカーを選んでレジへ。ところが、値段はなんと16万５０００円。涙目で値下げを交渉するが、聞き入れられない。品物は、１９４０年代に作られた最初期のパーカーだった。お金が足りない堀北は、生田に立て替えてもらう。最後に一言、「来なきゃよかった」。

（フジテレビ「はねるのトびらSP」２００８年９月24日放送）

原文の筆者は、若い人のようです。私が教室で、こういったブログの文章を批判的に取り上げると、学生からは不満の声が上がります。

ブログの文章は、多くは自己満足のために書くものです。読み手にまとまった内容を伝えようとしてはいないので、必要十分な内容でないのは当然です。したがって、わざわざ書き換える必要はない——そんな意見を述べる人が少なくありません。

正面切ってそう言われると、たじろいでしまいます。まあ、基本的には、文章内容を必要十分にするためのトレーニングだと割り切って、書き換えてください。

それに、たとえブログの文章といえども、必要十分な内容にしておくべき理由が、少なくとも2つはあります。

1つめは、自己満足の文章を書くのに慣れてしまうと、いざ人に読んでもらいたいと思ったとき、きちんと内容の伝わる文章が書けなくなってしまうからです。

2つめは、自分だけに分かればいいつもりで書いていても、それを読む人がいる以上は、予想外の誤解を生むおそれがあるからです（例題1を思い出してください）。

このブログの文章で、読者に伝わらないおそれがあるのは、特に以下の3点です。

・「ほぼ100円ショップ」とはどんなコーナーか
・堀北真希の「すごい買い物」とはどんな買い物か
・「今回の値段」にびっくりしたというが、何円だったのか

これらの情報を盛り込み、しかもよけいな情報は加えずに、140字にまとめます。140字と言えば、ツイッターの1回分のツイートの字数です。この例題は、ツイッターで要領よく番組の説明と感想を書く練習にもなります。

まず、このコーナーの趣旨を、短くまとめます。

「ほぼ100円ショップ」。とてつもなく高い商品が混ざっている店で買い物するという、一種のロシアンルーレットゲームですね。

短いことばでイメージを伝えるため、「ロシアンルーレット」という比喩《ひゆ》を使ってみました。ゲームのルールをあまりくわしく説明する余裕はないので、「ほぼ100円ショップ」というタイトルと、この比喩とによって、大体のところを分かってもらいます。

次に来るのは、どんな買い物をしたか、また、その品物は何円だったかということです。いろいろな品物を選ぶ過程は省略し、レジに持って行った品物について書きます。

堀北真希ちゃんが白いパーカーを選んだんだけど、16万円というのにはビックリ(@_@)

すると、今度は、どうしてそのパーカーが16万円もするのか、読者は知りたくなります。値段の高い理由も、必要な情報のひとつです。

実は60年前のビンテージ物だそうで。。

この程度に短くまとめておきます。あとは、余った字数は、番組を見た自分自身の反応や感想を書いておけば、情報としては必要十分です。

ブログは自己満足でいいと言う人でも、この程度の簡単な内容をつけ加えることには反対しないでしょう。長い文章だけでなく、ブログやツイッターの文章も、ちょっとくふうすれば、必要十分な内容になります。ふだんの文章を書くときに、気をつけてみてください。

◇例題の解答例

例題1

きょうは、とても打ちのめされるできごとがありました。このブログも、どう書けばいいかと、今までためらっていました。皆さんにも申しわけないことになりました。本当にごめんなさい。

実は、今度発売予定の商品にミスが見つかったんです。くわしくは来週にも発表します。私たちの決定にはいろいろ意見があるかもしれません。でも、今の私の世界を、少しでも多くの人々に届けたいから、と理解してもらえればありがたいのですが……。どうか、来週まで待ってください。（217字）

例題2

政治 社会を住みやすくするため、国や地方の大きな方針を決めて実行すること。

（34字。『三省堂国語辞典』第6版の語釈による）

例題3

「ほぼ100円ショップ」。とてつもなく高い商品が混ざっている店で買い物するという、一種のロシアンルーレットゲームですね。堀北真希ちゃんが白いパーカーを選んだんだけど、16万円というのにはビックリ（@_@）実は60年前のビンテージ物だそうで。。大笑いさせてもらいました〆(^o^)ノ（絵文字含め140字）

レッスン6　描写力をつけよう——視覚情報を文章に置き換える

例題1

　下図は、1960年代の福島県石川町《いしかわまち》の地図です。これを参考に、「駅」から「母畑《ぼばた》温泉郷」までの道の様子を文章にしてください。

（制限字数・140字）

（下図＝本田靖春《やすはる》『誘拐』〈ちくま文庫〉により作成）

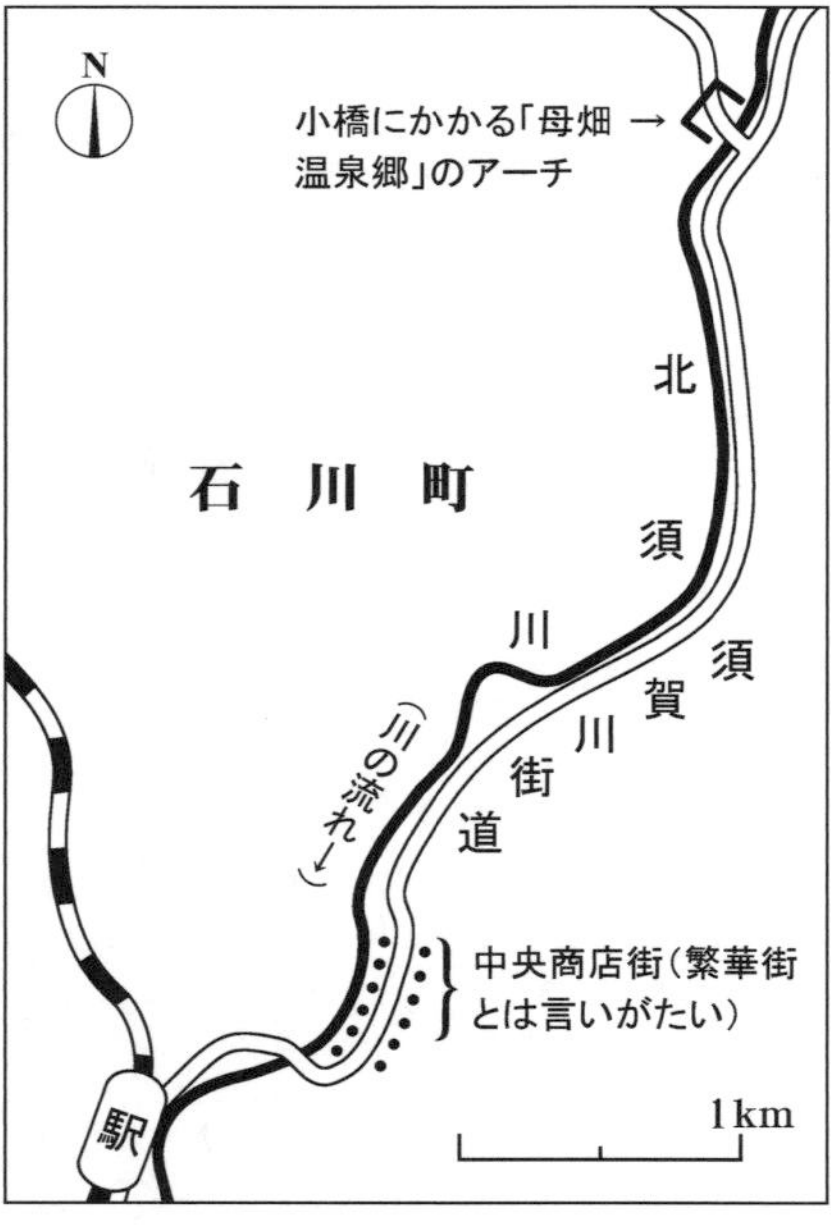

この地図は、本田靖春さんのノンフィクション作品『誘拐』に出てくる描写をもとに、私が作成したものです。『誘拐』は、1963年に日本中を戦慄《せんりつ》させた「吉展《よしのぶ》ちゃん誘拐事件」をテーマにした、本田さんの代表作です。関係する土地は、東京・福島など広範囲にわたっています。著者は、それぞれの現場の様子をくわしく描くことによって、文章に具体性を与えています。石川町の描写もその一例です。

ここに示した地図には、原文にある基本的な情報はすべて書き込んであります。これを手がかりに、現場の様子を具体的に説明してもらおうというのが、例題のねらいです。

つまり、これは、視覚情報（ここでは地図の形になっている情報）を、ことばによって、具体的に描写することを目的としたトレーニングです。読者が実際に目で見ているような気になるほど、ありありと表現することを目指します。

具体性ということをあまり考えずに書くと、次のような文章になるかもしれません。

駅を出て、須賀川《すかがわ》街道を延々と歩いて行くと、やがて二またに分かれる。その左側にアーチのかかった小橋がある。その先が母畑温泉郷である。

これなら簡単に書けますが、何かもの足りません。字数も、制限字数の半分以下、66字にしかなっていません。

この文章に少なくとも補わなければならないのは、「方向」および「距離」の情報です。読者の多くは「須賀川街道」を知りません。その街道がどの方向に向かって延びているのかを書く必要があります。また、「延々と歩いて行く」と言っても、1時間歩くのか、半日歩くのか分かりません。「何キロ」といった具体的な数字が必要です。

> 駅を出て、須賀川街道を北東方向に四キロばかり歩いて行くと、二またに分かれる。その左側にアーチのかかった小橋がある。その先が母畑温泉郷である。

これで、最低限の情報は示されました。でも、読者がその情景を思い浮かべられるほどに具体的な描写とは言えません。

この書き方では、この場所が山奥なのか、都市の近郊なのかも分かりません。新宿駅前の説明にもそのまま使えそうな、特徴のない描写です。

ここで、本田さんの原文を見ましょう。最初に、商店街のことから書き始めています。

石川町の中心部にあたる中央商店街は、駅から北東へ約一キロずれていて、繁華街というには遠い、ただの町並にしか過ぎない。その裏手を流れるのが北須川《きたす》で、左岸沿いに走る須賀川街道は、そこから北へ約三キロの地点で流れと分かれ、小橋にかけられた「母畑温泉郷」のアーチをくぐる。（132字）

中央商店街がそれほどにぎわっていないこと、北須川と街道とが並行することなどに触れつつ、読者を母畑温泉郷まで連れて行きます。すぐれた手並みです。

また、「須賀川街道は……流れと分かれ……アーチをくぐる」と、街道を主語にして述べている点にも、くふうが感じられます。ふつうならば、「駅を出て」「歩いて行くと」など、通行人の視点で書くところです（もちろん、それでもべつにかまいません）。

もっとも、原文には分かりにくい部分もあります。「左岸沿い」とありますが、北須川の流れが進行方向と同じなのか、逆なのかが書かれていないため、街道を行く人は、川を左右どちら側に見ながら歩いているのかが分かりません。

失礼を承知で、原文に多少手を入れたものを、解答例として示しておきます。

例題をもうひとつ続けて出します。

＊

例題2

次の絵は、昔、薬草をすりつぶすのに使った「薬研《やげん》」です。この道具を見たことがない人のために、道具の形を文章で説明してください。（制限字数・80字）

薬研はかなり独特な形をしています（イラストは私が描《か》きました。以下の絵図も同様）。この形をことばだけで説明するのは、少々やっかいです。

学生に口頭で説明させ、それを聞いた別の学生にその形を描かせると、さまざまなおかしな絵ができあがります。

「穴の空いた鉄製の容器の上に車がはめこまれています。車には木製の軸が通って、ぐるぐる回るようになっています」

このように説明すると、(1)のように自動車をのっける人が続出します。

気の利いた学生は、比喩を使って説明します。

「この道具は、まず、下におふろのような形をした器があります。その上に、ちょうどコマのように軸を通した円盤がのせてあり、それをぐるぐる回します」

この説明は、「おふろのような」「コマのように」と、形の似たものを挙げる直喩法を使っているところが長所です。ところが、「コマ」という比喩は、軸が垂直に立っている印象を与えるため、(2)のような絵ができあがってしまいました。

(1)

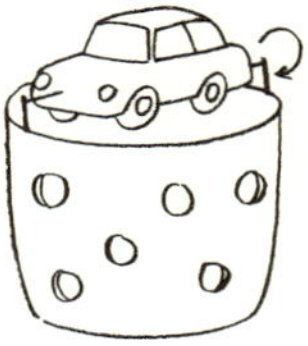

(2)

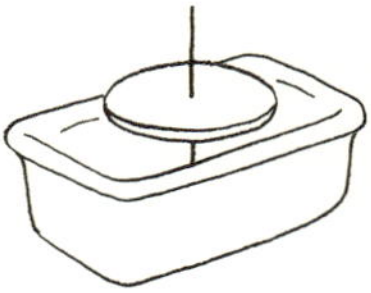

薬研のように複雑なものの形を伝えるためには、いくつかの注意が必要です。

まず、それはどういう種類のものか、どこにあるものか、何に使われるものかといった、大枠のところを明らかにしておくべきです。

これは、薬草をすりつぶす道具です。

こう説明しておけば、聞き手は、道具の目的にふさわしい形を想像してくれます。

また、ぴったりした比喩を選ぶことも必要です。「おふろのような形」よりは、「小さな舟の形」のほうが、薬研のイメージに近いでしょう。「コマのような円盤」では誤解を招くので、「両面に持ち手の棒がついた円盤」とします。

さらに、形の説明とともに、使い方も説明すると、より効果的です。

小さな舟の形をした容器に薬草を入れます。その上で、両面に持ち手の棒がついた円盤をごろごろ転がしてすりつぶします。

このような説明ならば、もとの形にかなり近い絵を描いてもらえるはずです。

◆自分のとらえかたをことばで伝える

2つの例題は、土地の様子、ものの形状など、目で見た情報をことばによって表現してもらうものでした。ことばという媒体は、視覚情報を伝達するのには必ずしも向いていないため、この作業は大変です。

視覚情報を伝達するなら、ことばよりも写真やビデオを使ったほうが簡単だし、正確だとも言えます。近代散文の確立者である正岡子規《まさおかしき》でさえ、次のように言っています。

まだ見たことのない場所を実際見た如《ごと》くに其《その》人に感ぜしめようと云《い》ふには其地の写真を見せるのが第一であるがそれも複雑な場所はとても一枚の写真ではわからぬから幾枚かの写真を順序立てゝ見せる様にするとわかるであらう。

（正岡子規『病牀《びょうしょう》六尺』四十三）

写真やビデオがあるにもかかわらず、あえてことばで表現する理由は何かというと、自分自身のものの見方、事実のとらえ方を伝えるためです。

写真やビデオにはいろいろなものが写り込んでいます。見る人によって注目する部分も違うし、解釈の幅も許されています。山の雄大な姿を撮影して示したところが、相手は、その前に写っている花ばかり見ていた、ということもありえます。

一方、ことばで伝える情報は、伝える人の頭の中をいったん通ったもので、その人の解釈によってまとめられています。「山の姿が雄大で感動した」と言えば、少なくともそれだけの内容は伝わります。「自分はこう見た」「自分はこのようにとらえた」ということを示すためには、やはりことばが必要です。映像技術が発達した現在でも、自分が見たものをことばで説明するトレーニングが有効な理由です。

このトレーニングの要点は2つあります。

第1点は、東西南北・前後左右といった方向や位置関係、それに、距離、所要時間などの情報をはっきり示すことです。そのためには、例題1のように、地形や空間を説明するトレーニングが適しています。

第2点は、比喩を用いて、形状・性質などを分かりやすく示すことです。そのためには、例題2のように、道具などを何かにたとえて説明するトレーニングが適しています。比喩というと、「太陽のような人」といった詩的表現を思い浮かべる人が多いかもしれませんが、比喩は、むしろ、ものごとを的確に描写する道具として役立つものです。

中でも、すぐに使えて便利なのは、字形を使う比喩です。「大の字になって寝る」「口をへの字に曲げる」「T字路」「V字回復」など、字形の比喩は日常的に使われます。

二十階建ての新霞《かすみ》が関《せき》ビルは屛風《びょうぶ》のかたちをしておりくの字に曲がっている。
（猪瀬《いのせ》直樹《なおき》『道路の決着』小学館）

というふうに、字形の比喩を用いれば、変わったビルの形もうまく表現できます。

◆文学作品の文章を視覚化する

視覚情報をことばで表現する力をつけるためには、場所やものの様子などをうまく描写した文章をたくさん読み込んで、手本にするのが有効です。描写がうまいかどうかは、その文章に基づいて絵や図を描いてみれば分かります。描写の行き届いた文章からは、細密な絵や図を復元することができます。

夏目漱石の『門』に出てくる夫婦の住む家は、崖《がけ》のすぐ下という特別のロケーションにあります。作品では、この家が何度もくわしく描写され、作者が舞台装置として重視していることが分かります。この描写から間取り図が描けるかどうか、やってみましょう。
たとえば、次のような記述があります。まずは、ざっと読んでください。

・[a]針箱と糸屑《いとくず》の上を飛び越す様《よう》に跨《また》いで茶の間の襖《ふすま》を開けると、すぐ座敷である。[b]南が玄関で塞《ふさ》がれているので、突き当りの障子《しょうじ》が、日向《ひなた》から急に這入《はい》って来た眸《ひとみ》には、うそ寒く映った。[c]其所《そこ》を開けると、廂《ひさし》に逼《せま》る様な勾配《こうばい》の崖が、縁鼻《えんばな》から聳《そび》えているので、朝の内は当って然《しか》るべき筈《はず》の日も容易に影を落さない。（一の二）

・[d]夫婦の坐《すわ》っている茶の間の次が台所で、台所の右に下女部屋、左に六畳が一間ある。下女を入れて三人の小人数だから、この六畳には余り必要を感じない御米《およね》は、東向《ひがしむき》の窓側に何時《いつ》も自分の鏡台を置いた。（四の十四）

・宗助は玄関から下駄《げた》を提《さ》げて来て、すぐ庭へ下りた。[e]縁の先へ便所が折れ曲って突き出しているので、いとど狭い崖下《がけした》が、裏へ抜ける半間程《はんげんほど》の所は猶更《なおさら》狭苦しくなっていた。（七の四）

これらの記述を参考に、『門』の家の間取りを図に描くと、次のようになります（図には、

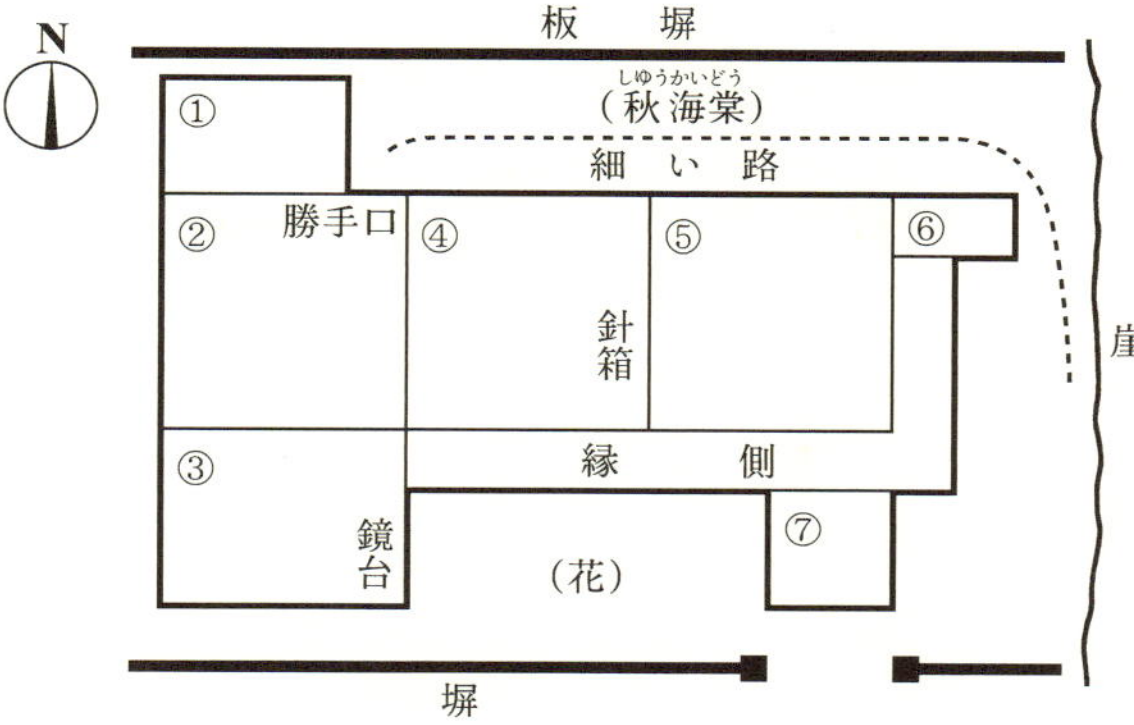

『門』の家の間取り

上記以外の箇所に出てくる情報も加えてあります)。

読者にも確かめてもらうため、それぞれの部屋を丸付きの番号で示しました。どの番号がどの部屋を指すか、考えていきましょう。

まず、aの記述により、茶の間の隣が座敷だと分かります。また、cにより、座敷の障子を開けると、目の前に崖があることも分かります。したがって、④が茶の間、⑤が座敷です。bには、座敷の南が〈玄関で塞がれている〉とあるので、⑦が玄関です。

また、dの記述により、茶の間から見て座敷と反対側の②が台所ということになります。台所の右側の①が下女部屋、左側の③が六畳です。六畳には鏡台が置いてあります。

そして、eの記述により、家と崖との間の通り道をふさぐように突き出している部分が、⑥の便所ということになります。

文章をもとに図が描けるということは、『門』の文章が描写力にすぐれているということです。こういう文章に多く接し、実際に絵や図を描いたり、また、その図が正しいかどうかを本文に戻って検証したり、ということを繰り返すと、描写力がつきます。

*

今回のまとめとして、もう一度、絵に基づいて文章を書いてみましょう。今度は、大岡《おおおか》昇平《しょうへい》『俘虜記《ふりょき》』を取り上げます。作者自身の捕虜体験を記録した、戦記文学の傑作です。

例題3

次の絵は、『俘虜記』に基づいて描いた、戦時中のフィリピンのタナワン捕虜収容所の様子です。これを見て、後の「小説本文」の空欄（2か所）を補充してください。

空欄Ⓐ……絵のうち「ⓐ**正門**」の位置を説明してください。（制限字数・30字）

空欄Ⓑ……絵のうち「ⓑ**三つの小屋**」の位置を説明してください。（制限字数・70字）

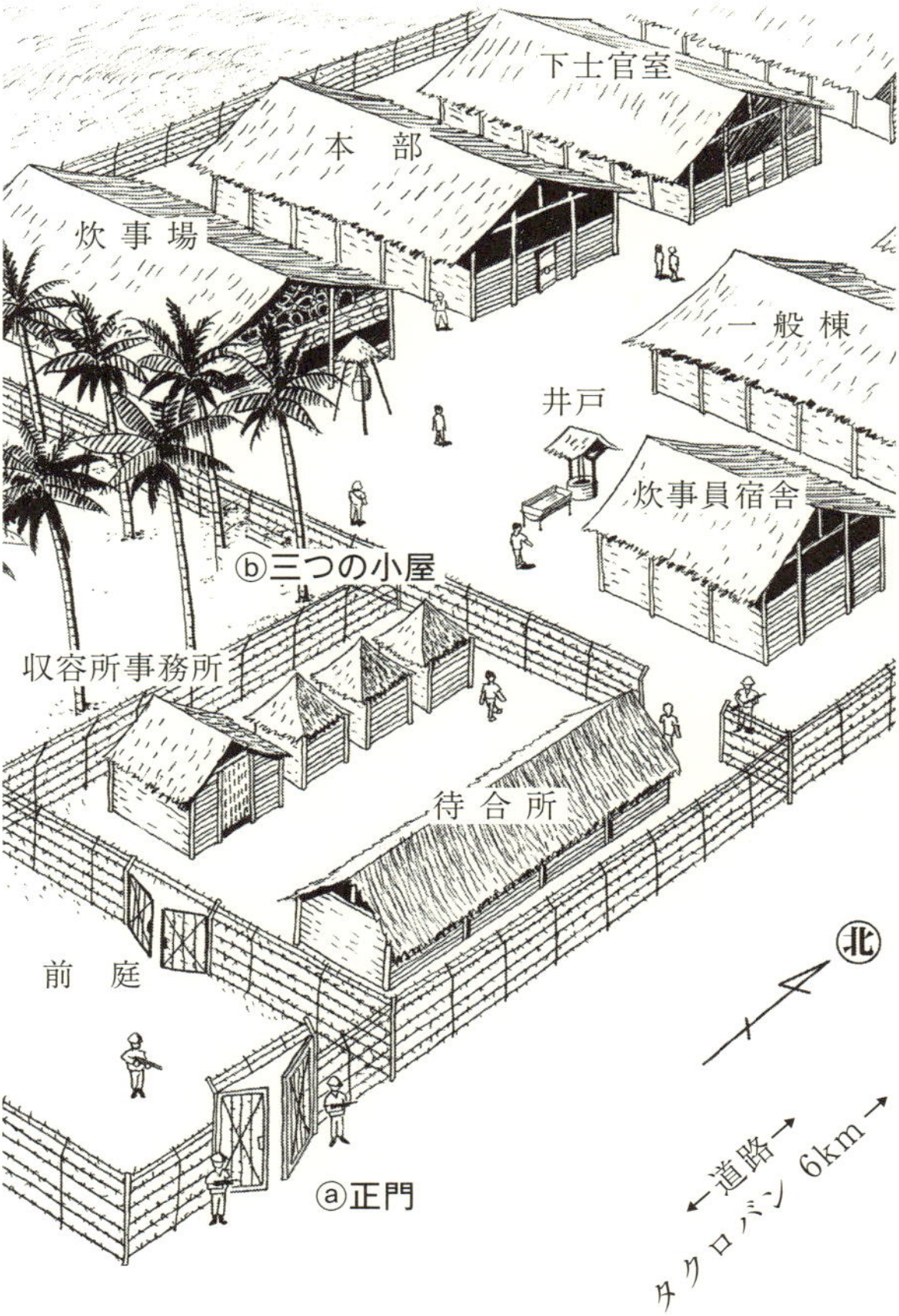

タナワン収容所（大岡昇平『俘虜記』により作成）

〔小説本文〕

収容所は東海岸タクロバンから海岸に沿って六粁《キロ》南に下ったタナワンにある。ここは大本営発表の所謂《いわゆる》「タクロバン平原」の一部をなし、海岸線に平行した自動車道路から西側（つまり山側）に十間ばかり引っこんで、約二千坪の地面が有刺鉄線で囲まれている。

Ⓐ（ここで「ⓐ正門」の位置を説明してください）木の框《わく》に有刺鉄線を張った門扉《もんぴ》を入ると、そこは約三十坪の前庭である。本来の収容所はここと また柵《さく》を隔てて、右側に拡《ひろ》がっている。入口のすぐ左に小さなニッパ小屋があり、米軍の将校一人下士官三人が机に向っている。これが収容所事務所であり、将校は収容所長である。

事務所と通路を隔てて右側に五間ばかり、やはりニッパで葺《ふ》いた細長い小屋が延びて、中にカンバスを張った米軍規格の折畳みベッドが並べてある。我々はここを「待合所」と呼んでいたが、要するに到着した俘虜が種々の手続を済ませて正式に収容されるまで、一日か二日を過ごすところである。内部は掃除が行き届かぬので、あまり清潔ではない。

Ⓑ（ここで「ⓑ三つの小屋」の位置を説明してください）入口は裏側にあり、通路

から見える三方は窓がない。中には小さな卓子《テーブル》と二脚の椅子《いす》があり、俘虜は一人ずつここに呼びこまれて、二世から訊問《じんもん》を受ける。彼等は大抵数人まとまって到着するので、訊問だけでも半日かかる。

（大岡昇平「生きている俘虜」『俘虜記』新潮文庫）

大岡さんの原文は非常に緻密《ちみつ》です。絵と見比べながら、じっくり味わってください。

さて、まずⒶの「正門」の位置をどう説明するか考えます。絵を見ると、正門は向かって左のほうにあります。だからといって、「収容所の左のほうにある」と書いただけでは、どこから見て左なのか分かりません。「どちら側から」という基準を記します。

正門は、道路側から見て、収容所の左端にある。

これなら分かります。これに、さらに「道路に面している」という情報をつけ加えておきましょう。この全体を一文で表現します。

次に、Ⓑの「三つの小屋」の位置です。これらの小屋があるエリアには、ほかに「待合所」と「収容所事務所」とがあって、それについてはすでに説明されています。そこで、

「三つの小屋」は、「待合所の向かい側にある」または「事務所の隣にある」と表現すればよさそうです。この2つをあわせるとこうなります。

待合所の向かい側、収容所事務所の隣に、小さな小屋が三つ並んでいる。

ただ、これだと33字にしかならず、制限字数まではまだだいぶ余裕があります。他に何かつけ加えられる情報はないでしょうか。

絵から分かるとおり、「三つの小屋」は、「待合所」の長さから「収容所事務所」の長さを引き算した空き地にあります。この場所のことを、作者は〈待合所の前面と事務所のそれの差だけの空間〉と表現しています。

この記述をあわせれば、「三つの小屋」の位置の説明は完成します。

◇例題の解答例

例題1

石川町の中心部にあたる中央商店街は、駅から北東へ約一キロずれていて、繁華街というには遠い、ただの町並にしか過ぎない。その裏手を流れるのが北須川で、東側を並行する須賀川街道は、そこから北へ約三キロの地点で流れと分かれ、小橋にかけられた「母畑温泉郷」のアーチをくぐる。（132字。『誘拐』の原文を一部修正）

例題2

これは、薬草をすりつぶす道具です。小さな舟の形をした容器に薬草を入れます。その上で、両面に持ち手の棒がついた円盤をごろごろ転がしてすりつぶします。（73字）

例題3

Ⓐ正門は道路から見て敷地の左側に、道路に面して開いている。（28字）

Ⓑ待合所の向い側、つまり事務所と並んで、待合所の前面と事務所のそれの差だけの空間には、こぢんまりとした小屋が三つ並んでいる。（61字。原文の一部を省略した）

第3章

論理力をつけるレッスン

論理とは、出発点となる問題意識と、到達点となる結論とを結ぶ1本の線路です。論理的な文章では、筆者はまず、読者を「問題」という名の始発駅に立たせます。そこから、論理に則《のっと》った「理由」という名の電車で移動し、「結論」という名の終着駅に向かいます。論理から脱線したり、別方向へ向かったりしないで、読者を「問題」駅から「結論」駅まで連れて行ける力が論理力です。このイメージを持って、トレーニングを行いましょう。

レッスン7　前後の論理関係を考えよう――一続きの文に書き換える

例題1 次の文章は3つの文でできています。これを書き換えて、一続きの文にしてください。なお、文と文の間を「が」「て」でつないではいけません。

山田高校は3点を追っていた。9回表に相手投手のミスから同点に追いついた。9回裏、相手打線が爆発して競り負けた。

（新聞記事に基づく作例）

問題文は、高校野球の試合の模様を伝える記事をもとにした文章です。内容は、「①山田高校は負けていた→②同点に追いついた→③結局負けてしまった」と、3つの場面からなります。設問は、これを一続きの長い文にすることを求めています。

分かりやすい文章を書く基本のひとつは、文を短く切ることです。それなのに、「長く続けよ」と言うのは変な話です。ともあれ、設問に従って書き換えましょう。

文を長くつなぐというだけなら、そんなにむずかしいことではありません。たとえば、以下のようにする方法があります。

山田高校は3点を追っていたが、9回表に相手投手のミスから同点に追いついたが、9回裏、相手打線が爆発して競り負けた。

山田高校は3点を追っていて、9回表に相手投手のミスから同点に追いついて、それから9回裏、相手打線が爆発して競り負けた。

このように、私たちが長い文を書くときには、「が」「て」を使ってつなぐことが一般的です。この場合の「が」「て」は、文法的には接続助詞と言われるものです。

ところが、設問には条件がついています。「が」「て」は使うなと言うのです。これで、いきなり問題がむずかしくなりました。

「が」は、あとに予想と反対のことが起こることを表します。この用法を、ここでは「単純逆接」と言っておきます。また、「て」は、続いて何かが起こることを表します。ここでは「単純接続」と言っておきます。要するに、「が」「て」を使わないということは、単純逆接や単純接続以外の方法で文をつながなければならないということです。

では、どうつなげばいいか、順に考えていきましょう。

文章中の3つの場面のうち、まず、①と②は、「①の結果として、②になった」と見なすことができます。そこで、次のようにつないでみます。

山田高校は3点を追い続けたあげく、9回表に相手投手のミスから同点に追いついた。

「追っていた」を「追い続けたあげく」に変えました。「あげく」は、長い経過のあとに結果が出たことを示します。山田高校は、点を取り戻すためにずっと努力を続けて、やっと同点になりました。「あげく」は、その様子を表現するのにふさわしいことばです。

次に、②と③は、「②が起こってから、③が起こるまでの時間が短い」という点に注目します。このことを、次のように表現してみます。

9回表に相手投手のミスから同点に追いついたのもつかの間、その裏、相手打線が爆発して競り負けた。

「追いついた。9回裏」を「追いついたのもつかの間、その裏」としました。「つかの間」は、前で述べたことがわずかの時間しか続かなかったことを示します。9回表に同点に追いつき、すぐその裏に逆転されたのですから、「つかの間」と表現するのが適当です。

こうして、単に「が」「て」でつなぐよりも、話の筋道がもっとはっきり分かるように、文をつなぐことができました。

このトレーニングは、文を長くつなぐこと自体が目的ではありません。「〜が、〜が」または「〜て、〜て」と文を大ざっぱに続けるのでなく、「あげく」「つかの間」など、表現をくふうして、話の道筋を示すのが目的です。言い換えれば、前に述べたことと、後に述べることがどんな関係でつながるのかという論理関係を示しながら書くトレーニングです。

◆濫用される「が」「て」

接続助詞の「が」「て」は、大した意味もなく濫用されることばの代表です。特に、話しことばでは頻繁に出てきます。これは、ある程度はやむを得ないでしょう。日本語学者の大野晋《すすむ》さんは、たいへん話の上手な人でしたが、それでも、座談会の発言を文章にしたものを読むと、「が」を連発しています。

大野　小林先生に伺いたいのですが、私は『弥生《やよい》文明と南インド』のなかで「グラフィティ」という記号文のことを書きましたが、私はどうも南インドのグラフィティと日本の弥生時代の記号文とは偶然の類似ではないと思うのですが、どんなものでしょうか。

（大野晋・金関恕《かなせきひろし》『考古学・人類学・言語学との対話』岩波書店）

大野さんでもこのとおりです。まして、私などはほとんど口癖になっています。私の場合は、口頭で「けれども」をよく使いますけれども、これも同じことです。

この口癖が文章中にも出てしまうと、たとえばこんなふうになります。

中には女性専用車両を廃止すべきだという人もいるが、自分はやめてほしいわけではないが、せめて時間を短くするとか本数を少なくするべきだろう。（大学生のレポート）

「て」で文を長くつなぐ人は、特に若い世代に多いように感じます。テレビで高校生の少女の発言を聞いていると、「〜て、〜て」と、途切れることなく続いていました。

次の引用のうち、a〜fの6か所の「て」は、さしたる意味もなく使われています。

うち〔＝私〕は、なんか、相手に自分を分かってほしいっていうか、知ってほしいっていうか、そういう気持ちが強くって、で、うちなんか、その、長女なんだけど、ちっちゃい頃《ころ》から、なんかしっかりしてるって、なんか思われたのかしらないけど、けっこう、なんかうちからしてみれば、なんか、ほっとかれてるように見えて、なんか、弟がいるんだけど、お父さんとお母さんも、なんかうちじゃなくて、弟に興味を持ってるっていうか、「弟、弟」っていう感じがして、それでやっぱ、ま、うちも比べちゃって、ああ、愛されてないんだなあって、なんかずうっと思ってて、で、それで、小学校ん時とかは、成績を上《うえ》っていうか良くしてれば、好かれるかなとか思って、なんか自分のためじゃなくて、親に好かれたい、愛されたいと思って、なんか勉強とかしてて、〔下略〕

（NHK教育「真剣10代しゃべり場」2005年2月25日放送）

実際の発言は、さらにこの3倍以上も続きます。他の発言者がさえぎるまで、ついに1か所も途切れることなく、「て」でつながっていました。

傍線部の「て」に注意しながら、発言を文章体に書き換えてみます。

私は、相手に自分のことを分かってほしい、という気持ちが強い。[a]

長女だったため、小さい頃からしっかり者だと思われていたのか、両親は、私のことをほったらかしにする一方、[b]弟にばかり関心を向けているように見えた。[c]それで、「自分は弟に比べて愛されていない」と、ずっと思っていた。[d]

小学校の時には、成績がよければ好かれるかもしれないという考えから、[e]自分のためよりも両親に愛されるために勉強した。[f]

6か所の「て」は、そこで文を切ったり、別のことばに置き換えたりしました。特に、bは対比を表す「一方」を、また、eは理由を表す「から」を使って、前後の論理関係を示しました。これで、言いたいことの道筋がよく分かるようになったはずです。

◆長い文を続ける名人芸

「が」「て」を使って文を長く続けることは、誰《だれ》もがつい無意識に行ってしまいがちです。それをやると、句と句とのつながりが不明確になり、分かりにくい文になります。そのことは、ここまでの例を見れば明らかです。

逆に言えば、「が」「て」を使わずに長い文を書くのは、そう簡単ではないということです。「が」「て」の代わりに、「あげく」「つかの間」「一方」「から」「ので」など、その場その場で表現をくふうして、前後の関係をはっきりさせなければなりません。これは、長い文を短く切るよりも、かえってむずかしい作業です。

そう考えると、「が」「て」を使わずに、わざと長い文を続けて書くというトレーニングの有効性が分かります。「が」「て」を「NGワード」とすることで、だらだらと書かずに、話の道筋をはっきりさせて書く癖が身につきます。

作家の中には、特殊な効果をねらって、あえて長い文を書く人もいます。現代では、町田康《こう》さんがその代表です。次の文を、傍線部の表現に注意しながら読んでください。

このところ、午近《ひる》くになるときまってベランダにやってくる鳥、なんという名前の鳥なのかは知らにど（＝知らねど）、その鳥の、首を傾《かし》げて室内の様子をちらちら窺《うかが》っては、エアコン室外機の上などを歩き回ってちゅんちゅら餌《えさ》をねだる様子があまりにも可愛らしいものだから、おなか空いたの？　ほおほおほお、ちょっと待ちや、おっちゃんがいま餌やるさけ、などと愚にもつかぬ事を言いながら、オレンジの皮を剝《む》き、ベランダに出て抜き足差し足忍び足、手すりのところにそっと置くと、鳥は実に嬉《うれ》しそうにこれを啖《くら》い、俺《おれ》、それをにやにや笑いながら暫《しばら》く眺めるうち、どういう訳かコーヒーが飲みたくなって、だいどこはしりもと（＝台所・お勝手）、キッチンに立って自動コーヒー淹《い》れ機に豆と水をぶちこんだのだけれども、それがぼらぼら音を立て始めた頃、どういう訳か、流し台にあった洗い物が気になってこれをじゃかじゃか洗い、手を拭《ふ》いて淹れたコーヒーを手に居間にたち帰ると小鳥はいなくなっている、（下略）

（町田康『正直じゃいけん』角川春樹事務所）

傍線部は、そこに意味の区切りがある（つまり、文を終わってもいい）箇所です。でも、筆者はそこで区切らずに、「鳥」（名詞止め）「知らにど」「…ものだから」「言いながら」「剝き」「置くと」「咲い」「…うち」「…なって」「…のだけれども」「洗い」――など、変化に富んだ言い方でつないでいます。

この文は、単にだらだらとおしゃべりを続けるのとは異なり、句と句を的確につなぐため、さまざまな言い方を検討した形跡があります。町田さんの名人芸が光っています。

このように長い文を書く作家としては、もっと上の世代では、野坂昭如《あきゆき》さんがいます。名作『火垂《ほた》るの墓』には、ひとつの文が、切れ目なく1～2ページにわたって続く部分が何か所もあります。これには圧倒されます。

◆ヒット曲を一文で

町田さんや野坂さんのまねをするわけではありませんが、書き換えトレーニングの一環として、息の長い文を書いてみましょう。素材として、ヒット曲の歌詞を使います。

次に示すのは、Perfumeの「ワンルーム・ディスコ」の歌詞です。

なんだって すくなめ 半分の生活／だけど 荷物は おもい／気分は かるい／
窓をあけても 見慣れない 風景／ちょっとおちつかない／けれど そのうち楽しくな

るでしょ／

新しい場所で うまくやっていけるかな／部屋を片付けて 買い物に出かけよ／遠い空の向こう キミは何を思うの？／たぶん できるはずって 思わなきゃしょうがない

（詞・曲：中田ヤスタカ／歌：Perfume「ワンルーム・ディスコ」２００９年。JASRAC 出 1013838-002）

登場人物は、独り暮らしを始めた若い女性です。「半分の生活」とあるので、今までは恋人と暮らしていた（同棲《どうせい》？）と推測されます。「そのうち楽しくなるでしょ」と楽観的に構えているものの、遠くの「キミ」をふと思ったりする心の揺れが描写されています。

「。」がないため、どこまでが一文か分かりにくいのですが、私が「／」で区切った部分が文の切れ目と考えられます。ごく短い文の集まりでできた歌詞です。

これを、全体で一文になるように書き換えてみます。もちろん、接続助詞の「が」「て」は一切使いません。すると、こんな感じになります。

何もかも少なめの半分の生活が始まった日、[a]それにしては重い引っこし荷物に悩みな[b]

がらも、軽い気分で窓をあけると[c]、外は見慣れない風景でおちつかない上[d]、そのうち楽しくなりそうな予感とは裏腹に[e]、新しい場所でうまくやっていくことへの不安も消えないので[f]、その気分をはらうように部屋を片付けて買い物に出かけようとした瞬間[g]、遠い空の向こうの彼は何を思っているのかが急に気になった弱気な私は、いや、たぶんひとりでもできるはずだと前向きに考えることにした。

傍線部a～gの語句は、句と句をつなぐために、私が特に加えたものです。これらを意味の違いに注目して分類すると、およそ次のようになります。あわせて、ここには出てこなかった同類の語句をつけ加えておきます。

逆接を表すもの――ながらも（b）　とは裏腹に（e）

ほかに「がんばったのに認めてくれない」「悪いと知りつつやった」「答えたものの、自信はない」「利用者が増える一方、危険度も増す」（対比的に）など。

理由を表すもの――ので（f）

ほかに「分かったからもう言うな」「雨が降ったことから中止になった」「雨天のた

め（に）中止になった」「暑いし、疲れたし、もうやめよう」など。

つけ加えを表すもの――上（d）

ほかに「助けたばかりか金までやった」「英語だけでなくドイツ語もできる」など。

成り行きを表すもの――と（c）

ほかに「行ってみたところが留守だった」「さんざん迷ったあげく（に）決めた」「追いついたのもつかの間、すぐに逆転された」など。

時点を表すもの――日（a）　瞬間（g）

右のうち一番需要が多いのは、逆接を表す表現です。とりわけ、単純逆接の「が」は頻用されます。これをあえて使わないことで、「ながらも」「とは裏腹に」「のに」「つつ」「ものの」「一方」など、細かいニュアンスを持つことばの存在に気づくことができます。

あくまで念を押しておきますが、このトレーニングは、語句のつなぎ方を意識するためのものです。私は、決して、文は長いほうがいいと主張するのではありません。文章を書くにあたって、適正な文の長さがあるのはもちろんです。私の場合、一文の平均はだいたい30字から40字の間です。長い場合には、１００字を超えることもあります。

例題2

次に示すのは、フォークソングの「神田川」の歌詞です。これを書き換えて、一続きの文にしてください。今回も、「が」「て」でつないではいけません。なお、「／」は、そこに意味の区切りがある箇所です。

[1]貴方《あなた》はもう忘れたかしら／[2]赤いてぬぐいマフラーにして [3]二人で行った横丁の風《ふ》呂《ろ》屋／[4]一緒に出ようねって言ったのに [5]いつも私が待たされた／[6]洗い髪が芯《しん》まで冷えて [7]小さな石鹸《せっけん》カタカタ鳴った／[8]貴方は私のからだを抱いて [9]冷たいねって言ったのよ／

[10]若かったあの頃／[11]何も恐《こわ》くなかった／[12]ただ貴方のやさしさが恐かった

（詞：喜《き》多條忠《たじょうまこと》／曲：南こうせつ／歌：南こうせつとかぐや姫「神田川」１９７３年。
JASRAC 出 1013838-002）

例題2も、かつて一緒に暮らしていた2人の物語を題材にします。歌詞は、全部で12の部分からできています。1〜9が前半、10〜12が後半に相当します。

まず、文全体の骨組みを考えておきます。要するに言いたいことは、

「風呂屋に2人で通っていたあの頃、こわかったのは、あなたのやさしさだけだった」

ということです。この骨組みの上に、語句を肉づけしていきます。

まず、冒頭は次のように始めましょう（原文のどこに対応するかを数字で示します）。

[1]あなたはもう忘れたかもしれないあの横丁[3]の風呂屋に、……

「貴方はもう忘れたかしら」という疑問文を平叙文にして、「あなたはもう忘れたかもしれない……」と、言い方を変えてあります。

次に、「その風呂屋に出かけて、どういうできごとがあったか」を加えます（以下、特に注意すべきことばに、傍線を引いておきます）。

……[2]私たちが赤い手ぬぐいをマフラーに巻いた姿で出[3]かけるたび、「[4]一緒に出ようね」

と約束はするものの、[5]いつもこっちが待たされるものだから、[6]洗い髪は芯まで冷えるし、[7]小さな石鹸はカタカタ鳴るしで、絶望的になった頃に、[8]ようやく出て来たあなたが、私のからだを抱きながら、[9]「冷たいね」と言ってくれた、……

最後に、「その頃、私はどういう気持ちでいたか」を記して、文を締めくくります。10〜12の部分が関係します。

……[10]そんなあの頃、若かった私に[11]何もこわいものがなかった中で、[12]ただこわかったのは、あなたのやさしさだけだった。

これで、1番の歌詞がひとつの文でつながりました。「が」「て」を使わず、しかも、なるべく意味の通りやすい日本語にするため、全体的に手を入れました。

こんな歌は歌えるわけがないし、文の姿としてもかなり特殊なものであることは断っておきます。ふだんの文章をこのように書いてくださいというのではありません。

これはあくまでトレーニングです。もとの歌詞を書き換える過程で、傍線で示した「たび」「ものの」「ものだから」――など、適切なつなぎの語句を探してこなければなりません。こうしてことばを選ぶ作業を行う中で、句と句とを的確に結びつける力がついてきます。

◇例題の解答例

例題1

山田高校は3点を追い続けたあげく、9回表に相手投手のミスから同点に追いついたのもつかの間、その裏、相手打線が爆発して競り負けた。

例題2

あなたはもう忘れたかもしれないあの横丁の風呂屋に、私たちが赤い手ぬぐいをマフラーに巻いた姿で出かけるたび、「一緒に出ようね」と約束はするものの、いつもこっちが待たされるものだから、洗い髪は芯まで冷えるし、小さな石鹸はカタカタ鳴るしで、絶望的になった頃に、ようやく出て来たあなたが、私のからだを抱きながら、「冷たいね」と言ってくれた、そんなあの頃、若かった私に何もこわいものがなかった中で、ただこわかったのは、あなたのやさしさだけだった。

レッスン8　客観的に書こう——感想を含まない文に書き換える

例題1
次の文章から「感想を述べる言い方」を除き、しかも無理のない内容にしてください。

マンガを最初に読むときは、熟読するよりはまず流し読みをする場合が多いように思われる。だから、作者は、読者が作品をざっと読んでも意味を誤解しないように、より一層注意して、さまざまな工夫をしていくといいのではないかと思う。

（大学生のレポート。表現・表記を一部改める）

これは、ある授業の課題として提出されたレポートの一部です。今回、まず注目してほしいのは、文末の「思う」という表現です。

この文章は2つの文からなっていますが、それぞれ、文末が「思われる」「思う」で結ばれています。学生のレポートを読んでいると、このように、最後に「思う」の来る文が、たいへん多く目につきます。

「思う」の主語は筆者です。文末にこの動詞があれば、その文はあくまで筆者の感想にすぎないことになります。レポートや論文をはじめとする論理的な文章では、筆者の感想を述べるのは避けるべきです。

どうして感想を述べてはいけないか、その説明はしばらくおいて、例題を検討します。例題では、「感想を述べる言い方」を除くよう指示しています。そこで、まず、「思われる」「思う」を含む部分を書き換えます。

マンガを最初に読むときは、熟読するよりはまず流し読みをする場合が多い。だから、作者は、読者が作品をざっと読んでも意味を誤解しないように、より一層注意して、さまざまな工夫をすることが必要だ。

これで、形としては、感想を述べた文ではなくなりました。その代わり、今度は、「言っている内容がおかしいのでは」と気づいた読者もいるはずです。

第1文を見てください。「マンガを最初に読むときは、熟読するよりはまず流し読みをする場合が多い」なんて、本当でしょうか。筆者はどうやって調べたのでしょうか。

たしかに、マンガはまず流し読みをするという人もいるでしょう。でも、私のように、たまに読むときには1ページ目から熟読するという人間も少なくないはずです。

つまり、この筆者は、そのまま主張すると無理が出るところに「思う」をつけて、「これはあくまで私の感想です」と逃げています。文末に使われる「思う」は、このような「逃げの『思う』」である場合がしばしばあります。

この文章で筆者が述べている主旨は、べつに悪くはありません。「マンガの作者は、誤解のない表現を心がけるべきだ」ということであり、私も賛成です。その主旨を述べるために、マンガを最初どう読むことが多いかなどを問題にする必要はなかったのです。

設問には「無理のない内容にしてください」とあるので、この第1文に手を入れます。「最初に流し読みをすることが多い」ではなく、「流し読みをすることも多い」なら問題はありません。「マンガを読むときは、熟読することもあるが、流し読みをすることも多い」とすれば、いたって当然の内容になります。

◆口癖としての「思います」

例題のように、「思う」が2回連続しているくらいは、まだいいほうです。1段落の中で、「思う」が3回、4回連続しているレポートはざらです。次に示す文章は、「思う」が実に6回連続していますが、決して極端な例ではありません。

> 日本人は主語を多くの場合省略します。それは日常において普通で、なんら問題はないことかと思います。でもいざ主語がないと意味が通じないものもまた多いと思います。こうゆう《ママ》所に日本人のあいまいさを趣とする心が働いてしまっていると思います。しかし、私は日本人のこうゆう《ママ》所はとても大好きです。言葉の裏に真の意味があるなどというのはとてもおもしろいとおもいます。言い方一つである言葉が皮肉に《ママ》のようにきこえたり地方によっていろんな意味の差があることは日本語の長所だと思います。でもことばの真の意味をはっきり伝えるというのもときには必要だと思いました。
>
> （大学生のレポート。誤記も含めて原文のまま）

この文章は、推敲した形跡もなく、全体として何が言いたいのかよく分かりません。おそらく、人前で話をするときのように、頭に浮かんだことをそのまま文字にしているだけなのでしょう。しばしば「文章は話すように書け」と言われますが、それではいけないことが、この例を見ても分かります。

話しことばの場合は、推敲ができないため、なおさら「思います」が連続しがちです。それが口癖になっている人もいます。

私が気づいた中では、安倍晋三《あべしんぞう》元首相も「思います」の愛用者でした。2005年、第3次小泉改造内閣が発足した時、当時の安倍官房長官の記者会見を聞いていると、ほぼすべての文末が「思います」で終わっていました。こんな具合です。

・構造改革を前進させていくために全力を尽くしていきたいと、まあそう思っております。
・今度の内閣については、それぞれの分野の専門の方を配しているのではないか、まあこのように思います。
・しっかりと実現をしていく、改革を実現をしていく内閣ではないかと、まあ、いうふうに思います。
・小泉総理のリーダーシップのもとに、まあしっかりと改革を進めていくようにと、そういう声であったと、こう思います。

ところが、ご自身で気づいたのか、誰かに指摘されたのか、その後、安倍氏が「思います」を連発するのを聞いた記憶はありません。首相という地位についた後は、思っただけのことを発言するわけにはいかないため、慎重になったのかもしれません。突然の首相辞任会見では、「思います」はほとんど使われませんでした。

「思います」に限らず、話しことばでの口癖を直すのには、努力が必要です。一方、書きことばならば、読み返して訂正することは簡単です。本当に思っている内容を「思う」と書くならまだしも、無意味に使っている「思う」は除くべきです。「思う」が何回も連続している文章は、書きっぱなしであり、推敲されていないと見て間違いありません。

◆論理的な文章に感想はいらない

レポート・論文などの論理的な文章に「思う」を使うなということは、よく言われます。はっきり言わず逃げるのがよくないからということもありますが、もっと本質的な理由があります。論理的な文章の途中に感想が入ると、そこで論理が破綻《はたん》してしまうからです。

感想とは、言い換えれば、筆者の主観のことです。レポートや論文は、ひとつの問題について客観的に結論を導き出すものです。論証の過程に主観が混じると、以下の部分はその主観から導き出されたことになり、客観的な結論に至りません。

たとえば、次の文章を見てください。

最近は児童虐待の件数が増えている。[1] 虐待される児童はかわいそうだ。[2] だから、国や地方自治体は防止対策を強化すべきだ。[3]

この文章は、第2文が「かわいそうだ」という主観を表すことばで終わっています。第3文は、その主観をもとに「国や地方自治体は防止対策を強化すべきだ」と主張しています。主観をもとにして何かを言ったとしても、それもやはり主観になってしまいます。この文章は、全体としては感想文ということになります。

一方、次の文章はどうでしょうか。

最近は児童虐待の件数が増えている。[1] ところが、児童が死に至るほどの虐待でも、[2]

割以上は住民から関係機関への通告がない。だから[3]、マスコミは、虐待のニュースを扱う際などに、通告義務についての啓発を行うべきだ。

この文章の第2文は、厚生労働省の「子ども虐待による死亡事例等の検証結果等について」(第6次報告、平成22年7月)によりました。客観的なデータです。このデータに基づいて、第3文では、児童虐待防止のためにマスコミはどうすべきかについて指摘しています。筆者の主観は入っておらず、論理的な文章の述べ方にかなっています。

「主観」「客観」とは、定義がむずかしいことばですが、私はよく次の例で説明します。ブロッコリーの嫌いな人が、「あのいぼいぼが気持ち悪い」と言ったとします。でも、「ブロッコリーのいぼいぼは、べつに気持ち悪くない」と思う人もいます。「いぼいぼは気持ち悪いと思うか、思わないか」について、両者がいくら言い合っても、結論は出ません。このように、どちらが正しいか決着がつかないものの見方を、主観と言います。反対に、議論によって決着をつけうるものごとが、客観です。

「クジラは哺乳類《ほにゅうるい》だ」というのは、動物学的に正しいかどうか決着がつきうるので、客観です。一方、「クジラは哺乳類だと思う」というのは、その人がそう思っているだけで、主観です。極端に言えば、その人は「クジラは魚類だと思う」のも自由です。詩人が「クジラは船である（と思う）」と表現しても、それを正しいとか間違いとか言うのは無意味です。

一方、論理的な文章は、詩の文章とは違って、その主張が正しいか間違いかが問われます。そこに主観が混じっては、主張の正誤が決められなくなります。

私の知人の大学教員は、学生にレポートの課題を出すときに、「感想は書くな。私は君たちの感想なんか読みたくもない」と強調するそうです。「読みたくもない」とは厳しい言い方ですが、的を射ています。「レポートは、自分なりの見方を表現するもの」と思っている学生はびっくりするでしょう。私を含め、教師が望む文章とは、むしろ、筆者も、読者も、誰もが「当然だ」と認められることだけを書いた文章です。

「当然のこと」と言っても、「雨の降る日は天気が悪い」などという、読者がすでに知っていることを書くのではありません。ひとつ、分かりやすい例を挙げましょう。

いつの頃からか、銀行の現金自動預払機（ＡＴＭ）の前などで、「フォーク並び」が採用されはじめました。複数の支払機の前に並ぶのでなく、一列に並んで、先頭の人から順に空いた支払機に進む方法です。誰かが、「この並び方のほうが早い」と指摘したのです。

今でこそ、フォーク並びは誰もが当然だと思っていますが、その指摘は画期的でした。

論理的な文章で扱ってほしいのは、こういう「当然のこと」です。それまで誰も気づかなかったにもかかわらず、言われてみれば当然で、しかも客観的に検証できる事実を指摘できれば、その文章は成功です。

◆志賀直哉の「感想文」

感想の入った文章は、読者の感情に訴えることはできますが、事実を冷静に指摘したり、何かを提案したりするのには向きません。そのことを端的に示す例のひとつを、文豪・志賀《しが》直哉《なおや》が残しています。

志賀は、終戦直後、日本は文化国家でないことを痛感し、特に日本語は不完全で不便なものと考えました。そして、なんと、「フランス語を日本の国語にしてはどうか」という提案を大まじめに行いました。明治時代にも、森有礼《もりありのり》が「英語を国語とすべきではないか」と主張したことがあり、志賀の提案はこれを踏まえたものです。

この提案の中で、志賀は何度も「思う」を使っています。

そこで私は此際《このさい》、日本は思い切って世界中で一番いい言語、一番美しい言語をとって、その儘《まま》、国語に採用してはどうかと考えている。それにはフランス語が最もいいのではないかと思う。六十年前に森有礼が考えた事を今こそ実現してはどんなものであろう。不徹底な改革よりもこれは間違いのない事である。森有礼の時代には実現は困難であったろうが、今ならば実現出来ない事ではない。反対の意見も色々あると思う。今の国語を完全なものに造りかえる事が出来ればそれに越した事はないが、それが出来ないとすれば、過去に執着せず、現在の吾々《われわれ》の感情を捨てて、百年二百年後の子孫の為《た》めに、思い切った事をする時だと思う。

（志賀直哉「国語問題」『改造』１９４６年4月号）

長くなるのであとは省略しますが、志賀本人は、フランス語についてあまり知らないことを認めています。なのに、なぜフランス語を選ぶかというと、〈フランスは文化の進んだ国であり、小説を読んで見ても何か日本人と通ずるものがあると思われるし〉（傍点飯間）など、これまた「思う」を使って、理由を列挙しています。

これでは、事実に基づいた客観的な主張とは、とうてい言えません。当然、志賀の主張（というよりは感想）は世の中に受け入れられませんでした。むしろ、その文章は、終戦直後の文学者の茫然《ぼうぜん》とした様子を表す資料として、今日でもたびたび引用されます。

志賀は、小説の中で登場人物の感情を描写する技術には長《た》けていました。それだけに、文章に主観を入れずに、「私の言うことは、これこれの理由で、誰にとっても当然のことだ」と、客観的に主張することは不得意でした。

◆主観的な表現のいろいろ

客観的な文章で使うべきでない主観的な表現として、私は「思う」ばかりを取り上げてきました。「思う」だけが主観的な表現でないのはもちろんです。このほかに、どんな表現が主観的と言えるか、簡単にまとめておきます。

まず、「気持ち悪い」「かわいそうだ」などの感情を表す形容詞・形容動詞は、当然、主観的です。「悲しい」「喜ばしい」「おそろしい」「恥ずかしい」など、すべてそうです。「こんなことでは日本人として恥ずかしい。だから……」などと続く文章がよくありますが、少なくとも客観的に論を進めている文章とは言えません。

また、価値判断を含む形容詞の類《たぐ》いも要注意です。「いい」「悪い」「きれいだ」「人気がある」などは、何を基準にそう判断するかが示されないかぎり、客観的な表現にはなりません。

「情報をうのみにすることははたしていいことだろうか」という問題を論じた学生がいます

主観的な表現

●感情を表す形容詞など

気持ち悪い　かわいそうだ

悲しい　喜ばしい

●価値判断を含む形容詞など

いい　悪い　きれいだ

（宿題が）多い

●文末表現

思う

〜たい　〜しよう　〜てほしい

が、「いい」の基準が分からないので、なんとも評価のしようがありません。

注意すべきなのは、「多い」「大きい」「高い」などの属性を表すことばも、主観的に使われうることです。「100は10より多い」なら客観的ですが、「あの先生は宿題が多い」は、比較対象がないので、厳密に言えば主観的な表現です。

それから、文末表現です。「思う」については繰り返しませんが、「〜たい」「〜しよう」「〜てほしい」などといった希望・意志を表すことばも、文末の主観表現に使われます。

学生のレポートの典型的な終わり方は、文末を「〜たい」で結ぶものです。まるでそういうルールでもあるかのように、誰もが「〜たい」で終わりたがります。

・これからも力をつけ、試合に勝ち本当の意味で野球を楽しんでいきたい。

・これからも疑問を持つということを忘れずに、メディアや本と触れていきたいと思った。
・今後も意識しながら文章を読んだり放送を聞いたりしたい。そうしてことばのおもしろさ、奥深さをもっと知っていきたい。

それまでいくら長く論じてきても、この「〜たい」の一言で、その文章は感想文ということになってしまいます。私が目にしたいと思わない結び方のひとつです。

＊

では、例題に移りましょう。これまでに触れた表現を含む感想文を取り上げます。感想文として見れば、これで十分上出来ですが、客観的な文章にするためには、書き換えるべきところがいくつかあります。

例題2

次の文章は、「私」の感想を記した文章です。これを客観的な内容の文章に書き換えてください。なお、文末は「です」「ます」を使わない形にしてください。

人間[1]一人ひとり顔や気質が違うように、考え方や生き方にも人間の数だけタイプがあると思います。けれども[2]、なぜか「普通は…」とか「普通の人は…」と、型から外れようとするたびに、事あるごとにそんな声が聞こえてくるのが現状のように感じます。〔略〕私は[3]、私個人で見てほしいと思います。普通[4]なんて物差しで人間を測らないでほしいと思います。

（高校生女子の投書。『朝日新聞』１９９７年６月24日）

まず行うべき作業は、文末の「思う」「感じる」を含む部分を除くことです。また、設問の指示に従って、「です」「ます」も取り去ります。すると、以下のようになります。

人間[1]一人ひとり顔や気質が違うように、考え方や生き方にも人間の数だけタイプがある。けれども[2]、なぜか「普通は…」とか「普通の人は…」と、型から外れようとするたびに、事あるごとにそんな声が聞こえてくるのが現状だ。私は[3]、私個人で見てほしい。普通[4]なんて物差しで人間を測らないでほしい。

これだけでも、かなり引きしまった文章になりました。もっとも、「思う」「感じる」を削ったからといって、それでただちに客観的な内容になるわけではありません。

第1文は、このままでいいでしょう。「人の数だけ個性がある」という、ごく当然のことを言っています。この文には、そもそも「思います」はよけいでした。

第2文は、子どもが型から外れた行動をとると、「ふつうはそんなことはしないものだ」と批判されることを述べています。ここで、「事あるごとにそんな声が聞こえてくる」と言うのは、筆者の視点から見た表現です。筆者のお母さんなら、「事あるごとにそんな文句を（娘に）言いに行く」となるところです。誰かの視点に立つのでない表現に変えておきます。また、「事あるごとに」とはどの程度なのか、基準があいまいなので削ります。すると、こうなります。「型から外れようとする子どもに対し、大人は『普通は…』『普通の人は…』と批判することがある」。

第3文・第4文は、「私は〜て（で）ほしい」という形をとっています。筆者自身の希望を述べる主観的な表現です。「自分を個人として見てほしい」という希望はこの人だけに特有のものではありません。より多くの人に当てはまるように書き換えます。「どの子どもも個人として見るべきだ。普通はどうかといった物差しで測るべきではない」。

さらに、設問の指示にはありませんが、文の順番を入れ替えたり、語句を修正したりして、より自然な文章になるように手を加えてもいいでしょう。

私が原文に手を加えたことによって、元の筆者のみずみずしい「感想」はなくなってしまいました。その意味では、私の書き換えは改悪です。でも、感想はあくまで個人のものであって、議論のテーブルには載りません。個人の主観を、誰にでも通用する客観に変換する操作が必要になります。

議論のとき、「私はこうしてほしい」と自分の希望を述べ合うだけでは、話は先に進みません。「このことは、私自身にも、ほかの人にも、そして、あなたにも当てはまる」という客観的な内容を述べることができれば、相手も同意したり、反論したりすることができ、議論が前進していきます。

◇例題の解答例

例題1
マンガを読むときは、熟読することもあるが、流し読みをすることも多い。だから、作者は、読者が作品をざっと読んでも意味を誤解しないように、より一層注意して、さまざまな工夫をすることが必要だ。

例題2

型から外れようとする子どもに対し、大人は「普通は…」「普通の人は…」と批判することがある。しかし、人間一人ひとり顔や気質が違うように、考え方や生き方にも人間の数だけタイプがある。どの子どもも個人として見るべきだ。普通はどうかといった物差しで測るべきではない。（第1文と第2文を入れ替えた）

レッスン9　論理の型を知ろう――「だから型」を「なぜなら型」に書き換える

例題1

次の文章は全部で3段落からなっています。この段落を逆順（③→②→①）に並べ替え、しかも、文の間のつながりが自然になるように書き換えてください。特に、傍線部の語句は変える必要があります。

①私は最近、ファミリーレストランでアメリカ人らしいおじさんに話しかけられて、しばらく英語で会話をした。ところが、言いたいことの半分も伝わらず、切なかった。

②このように、外国人と英語で話す機会は、不意にやってくる。

③だから、自分の考えや気持ちを英語で表現できるように訓練しておくことは必要なことだ。

これは、学生の文章を私のことばで要約したものです。主張に対しては異論があるかもしれませんが、少なくとも論旨は通っているので、例題の素材としては十分です。

例題は、①→②→③の順に並んだ段落を、③→②→①の順に並べ替えることを求めています。どうしてこんな操作をするのかと聞かれれば、「文章を結論から書くようにするトレーニングです」と、一応答えておきます。例によって、くわしい解説は後回しにして、まずは段落を逆順にしてみましょう。

単に逆順にするだけでは文意が通じなくなるので、修正を加えながら並べていきます。③を最初に持ってくる場合、「だから」という接続詞で始めるわけにはいきません。まず、この部分を削ります。

③自分の考えや気持ちを英語で表現できるように訓練しておくことは必要なことだ。

これなら、冒頭の文としておかしくはありません。

さらに、②を続けます。文頭の「このように」は削ります。②は③の理由に当たる部分なので、理由を表す「なぜなら〜から」という言い方にします。

②なぜなら、外国人と英語で話をする機会は、不意にやってくるからだ。

最後に、①を続けます。①は、英語で話をする機会が不意にやってくるということを示す具体例です。例であることが分かるように、「たとえば」で始めます。

①たとえば、私は最近、ファミリーレストランでアメリカ人らしいおじさんに話しかけられて、しばらく英語で会話をした。ところが、言いたいことの半分も伝わらず、切なかった。

これで、③→②→①の順に並べても自然な文章になりました。ただし、①の具体例の部分で文章全体を終わると、尻切《しりき》れとんぼの感じがします。そこで、さらにもう1段落、結論の確認の部分を加えると、よりよいでしょう（解答例参照）。

ここで行った作業を、図式化して説明します。元の文章は、

A　①（具体例）→②このように（具体例の意味するところ）→③だから（結論）

という流れで続いていました。一方、書き換えた文は、

B　③（結論）→②なぜなら（理由）→①たとえば（具体例）→③（結論の確認）

という流れになりました。Aは、「だから……」と述べて結論に向かう「だから型」の文章、一方、Bは、まず結論を述べて、「なぜなら……」と説明していく「なぜなら型」の文章です。例題は、「だから型」を「なぜなら型」に書き換えるトレーニングでした。

どちらの型がいいかということは、一概には言えませんが、レポート・論文などの論理的な文章では、Bの「なぜなら型」を基本とすることを勧めます。「なぜなら型」はあらかじめ結論を示すので、読者にとって、話が見えなくて困るということがないからです。

例題に使った学生の文章は、もともと、①の具体例の部分がたいそう長いものでした。レストランで外国人のおじさんと出会ったきっかけから、会話の内容に至るまで、かなりくわしく書いてありました。こんなエピソードが冒頭にあると、読者は、筆者がこの例によって

何を主張したいのか分からないまま、えんえん話につき合わされることになります。「だから型」の文章は、このように、話がどこに行き着くのか分からなくなる危険を含んでいます。一方、「なぜなら型」の文章では、あらかじめ着地点が決まっているので、その危険は少なくなります。

なお、誤解しないでほしいのですが、私はあくまで文章全体の構成のことを言っています。「なぜなら型」の文章の一部に「だから型」が含まれる場合はあります。それがいけないとか、「だから」という接続詞を使うなとか言うのではないことは、念を押しておきます。

＊

「だから型」を「なぜなら型」に書き換えるトレーニングを、もうひとつやってみましょう。次に示すのは、言文一致体（口語体）の歴史に関する文章です。

明治時代に生まれた言文一致体の文章は、東京の話しことばに基づいて作られました。でも、たとえば、「〜である」という文末表現は、ふつうの話しことばでは使われなかったそうです。そのことを述べた部分を、例題として使います。

例題2

次の文章の段落を逆順（③→②→①）に並べ替えてください（例題1の要領で）。

①〝デアル〟は英語のbeや文語の「なり」に対応する翻訳調のことばであり、話しことばとしてはふつう用いられない。話しことばに近づいた書きことばが〝デアル〟の採用によって、ふたたび話しことばから一歩遠のいたことになったともいえよう。

②このように言文一致体の文章は、当時の東京弁にもとづいたものではあったが、文章に書く以上は、どうしても文章語形式に拘束される面がある。

③したがって、実際の東京の話しことばとは合致しない点がいくつか存在するわけである。

（真田信治《さなだしんじ》『脱・標準語の時代』小学館文庫。改行位置改める）

この文章は、ここだけ取り出してみると「だから型」になっています。つまり、

①（具体例）→②このように（具体例の意味するところ）→③したがって（結論）

と進行しています（③の「したがって」は、「だから」の類義語です）。

これを「なぜなら型」に書き換えてみます。

まず、最初に来るのは③です。冒頭の「したがって」は削ります。また、この③では、主語の「言文一致体の文章は」が省略されているので、補っておきます。

③言文一致体の文章は、実際の東京の話しことばとは合致しない点がいくつか存在する。

次に、②の段落を続けます。ここは③の理由になるので、理由を表す「なぜなら〜から」ということばを加えます。

②なぜなら、この文体は、当時の東京弁にもとづいたものではあったが、文章に書く以上は、どうしても文章語形式に拘束される面があるからである。

最後に、「文章語形式に拘束され」て、口語的にならなかった具体例を挙げます。

①たとえば、〝デアル〟は英語のbeや文語の「なり」に対応する翻訳調のことばであり、話しことばとしてはふつう用いられない。話しことばに近づいた書きことばが〝デアル〟の採用によって、ふたたび話しことばから一歩遠のいたことになったともいえよう。

これで、「だから型」が「なぜなら型」に書き換えられました。

◆ふつうに話すと「だから型」に

「だから型」を「なぜなら型」に書き換えるトレーニングをする目的は、先にも述べたとおり、「なぜなら型」は結論を先に示す書き方だからです。この書き方に慣れておけば、読者を惑わせない文章を書くことができます。

私たちがふつうに話す場合、多くは、「なぜなら型」でなく「だから型」をとります。「なぜなら」が、結果から時間をさかのぼって原因に向かうのに対し、「だから」は、原因から時間の流れに沿って結果へと向かいます。「だから」は私たちの自然な時間感覚に合っています。そのため、「だから」や、類義語の「それで」「なので」「ので」などのことばを、つい多用してしまうのです。

2006年、民主党の代表選挙に小沢一郎氏が出馬しました。小沢氏は当選し、その後2年にわたって代表を務めることになります（まだ政権交代以前のことです）。投票日の前日、テレビ番組で立候補の理由を聞かれた小沢氏は、次のように答えました。

〔前半略〕……日本では、不幸にも半世紀以上、自民党の政権続いてますけどもね、だから、〔自分が率いてきた自由党が〕民主党と一緒になって、より多くの幅の広い国民の皆さんの支持を得ることによって政権を担うという決意をして、今日に至ってますので、どうしても、日本という国にとっても、国民の皆さんはそれほど危機感はないと思いますけれども、ぼくは非常に今、むずかしいところに差しかかってると思ってますんで、日本にとっても、残された時間は多くない、また、民主党にとっても、また、私自身にとっても、やはり残された時間はそんな多くないわけで、ここで本当に政権を担う民主党にしなきゃいけない、そんな気持ちですね。

（NHK「ニュースウォッチ9」2006年4月6日放送）

ここでは、「だから」「ので」「んで」「わけで」など、原因と結果を時間順につなぐことばが多く使われています。「だから型」の発言と言っていいでしょう。

この発言は途中に「。」がなく、一続きの文になっています。「だから」などのことばは、どの部分とどの部分をつなぐかをはっきり考えなくても使えるため、論理関係のはっきりしない文を作りがちです。文をだらだら続けるもとになりやすいという点では、レッスン7で取り上げた「が」「で」と似ています。

小沢氏の発言は、そのまま「なぜなら型」には置き換えにくいものですが、たとえば、次のような述べ方にすることもできます。

（代表選に立候補した理由は）ここで本当に政権を担う民主党にしなきゃいけないと考えるからです。なぜそう考えるに至ったかというと、日本は非常に今、むずかしいところに差しかかっており、しかも、日本にとっても、党にとっても、私にとっても、残された時間は多くないからです。日本がどのようにむずかしい状況か、いくつか例を挙げれば……

「結論→理由→具体例」と進めてみました。「なぜそう考えるに至ったかというと〜からです」の部分が理由、「いくつか例を挙げれば……」以下が具体例と言うことになります（ただし、実際の発言中には、具体例は挙がっていません）。

ここではあえて添削してみましたが、これは、小沢氏の発言がいつも「だから型」で分かりにくいということではありません。たまたまこういう例を採集しただけのことです。小沢氏の話し方は、政治家の中ではむしろ明快なほうだと、私は考えています。

◆歴史・物語を逆さに語る

「だから型」で話したり書いたりすることは、小沢氏に限らず、誰にとってもふつうのことです。一方、「なぜなら型」を身につけるためには、少々努力がいります。結果から原因にさかのぼって考えるという、自然に逆らう思考に慣れる必要があるからです。

「なぜなら型」で考えることについては、星新一さんの提案が参考になります。

歴史を教えるに際し、現在から出発し、逆に、過去へ過去へとさかのぼってゆくという方法はどうであろうか。案外、よく頭に入るのではなかろうか。昭和期がこうなったのは、大正時代がこうだったからであり、それは明治時代がこう発展したためで、明治維新がおこったのは、江戸時代の状態が原因であり……。〔略〕時間は過去から未来にむかって流れるものだが、歴史書を作る場合、その常識にとらわれる必要はない。私の思いつきにすぎないが。

（星新一『きまぐれ暦』新潮文庫）

この方法を採用すると、教えるほうも学ぶほうも大変かもしれません。でも、「なぜなら型」の思考のトレーニングのためには役立ちます。歴史学者の樋口清之《ひぐちきよゆき》さんの著書『逆《さかさ》・日本史』（祥伝社）は、まさに星さんと同じ考え方のもとに書かれています。

あるいは、一続きの物語を、結末から逆に再構成することも、「なぜなら型」で考えるトレーニングになります。たとえば、「桃太郎」の物語なら、こんなふうに語り始めます。

桃太郎とその子分たちは、車に宝ものを山ほど積んで、鬼が島から帰ってきました。

この宝ものは、鬼が島の鬼から贈られたものでした。桃太郎たちは、鬼の一族との戦いに勝ったのです。その戦いがどんなに激しかったかと言うと……

このように語り続けて、最後は、おじいさんとおばあさんが柴刈《しばか》りや洗濯をして暮らしていた話で終わる、というわけです。

「なぜなら型」による語り口を、推理小説などでは「倒叙法《とうじょ》」と呼びます。「さかさまに叙《の》べる」という意味です。犯人が最初に分かっていて、「なぜ犯人は殺人を犯したのか」と、原因を探っていくといったタイプの書き方です。

◆「問題・結論・理由」で考える

論理的な文章を「なぜなら型」で書けるようになるためには、また別のトレーニング方法があります。それは、折に触れて、自分自身に**問題**を出し、かつ、自分でそれに対する**結論**を考えてみることです。結論には必ず**理由**を添えます。

たとえば、「今晩何を食べようか」という問題を出します。問題は、必ずこのように「〜か」で終わる形式にします。

これに対し、「カツ丼《どん》にしよう」と結論を出します。

さらに、なぜカツ丼か、その理由を述べます。「食べたいから」だけでは不十分です。「なぜなら、試験が近いので、ここはがっつり食べておきたいから」などと、まとまった理由を考えます。理由は、「なぜなら〜から」という形式にします。

この「問題・結論・理由」の3つは、ものごとを論理的に考えるための基本要素です。ちょうど、テレビのクイズで問題を出して、解答者が理由を添えて答えるのに似ています。そこで、この3要素を備えた発言や文章を、私は「クイズ形式」と呼んでいます。

レポートや論文を始め、論理的な文章は、このクイズ形式で書くのが基本です。テーマが何であれ、まず、自分は何を問題として考えたいかということを、「〜か」の形式で述べます。それに対して、自分はどう結論するか、理由は何かということを、「なぜなら型」で述べます。つまり、クイズ形式は、「なぜなら型」の文章の冒頭に問題がついたものです。

この述べ方に習熟すれば、すっきり筋の通った文章が書けるようになります（クイズ形式の文章、すなわち「クイズ文」の書き方については、くわしくは拙著『非論理的な人のための 論理的な文章の書き方入門』〈ディスカヴァー〉をご覧ください）。

次の例題では、文章をクイズ形式にまとめ上げるトレーニングを行ってみましょう。

例題3

次に示すのは、「遊具の安全」に関する「だから型」の文章です。段落の順番を入れ替えて、「問題・結論・理由」を含む、クイズ形式の文章に書き換えてください。なお、書き換える文章の形式は、あとに示す「骨組み」に従ってください。

①近年、「冒険遊び場」と呼ばれる、子どもが自分の責任で遊ぶ場所が、公園の中などに作られるようになった。大人がリーダーとして参加し、安全の確保にも努めている。ここで使われている遊具は、がらくたなどを利用した手作りのものだが、子どもも注意して遊び、大人も見守るので、大きな事故は避けられる。

②このように、公園の遊具は、十分な注意と大人の見守りがあれば、決して危険なものではない。

③だから、それぞれの地域の大人は、このように子どもを主体的に遊ばせつつ、側面から見守る活動を広げていくことが望ましい。

④多くの公園で、子どものけがを避けるためとして、遊具が撤去される事例が増えている。しかし、子どもの心身の成長のために、遊具の果たす役割は大きい。撤去という方法でなく、遊具の安全をはかることを考えるべきだ。

⑤遊具の撤去は、公園の持つ機能を奪うに等しい。それよりも、子ども本人の自覚と、大人の支援によって、子どもが自由に遊べる環境を作るほうが生産的だ。

〔骨組み〕

1 ……にはどうすればいいだろうか。（問題）

2 そのためには……（結論）

3 なぜなら……からだ。（理由）

4 （具体的事例）

5 （結論の確認）

むずかしそうに見えるかもしれませんが、「骨組み」に肉づけしていけばいいので、そう恐れる必要はありません。

この文章は、公園の遊具についての課題を解決しようとするものです。そのことは、まず1「**問題**」の部分で示します。問題の示し方は、「……にはどうすればいいだろうか」と「〜か」で終わるようにします。原文の④を使えばまとめることができます。

多くの公園で、子どものけがを避けるためとして、遊具が撤去される事例が増えている。しかし、子どもの心身の成長のために、遊具の果たす役割は大きい。撤去という方法でなく、遊具の安全をはかるにはどうすればいいだろうか。

次に、2「**結論**」を書きます。問題が「……にはどうすればいいだろうか」というのですから、結論は「こうすればいい」ということを書く必要があります。ここは、原文の③の内容を使ってまとめます。

そのためには、それぞれの地域の大人が、子どもを主体的に遊ばせつつ、側面から見守る活動を広げていくことが望ましい。

では、なぜそのような活動を広げることが望ましいのか、説明が必要です。3「**理由**」の部分を、原文の②を使って書きます。理由は「なぜなら〜から」という形にします。

なぜなら、公園の遊具は、十分な注意と大人の見守りがあれば、決して危険なものではないからだ。

さらに、この理由を支えるため、4「**具体的事例**」を添えます。これは、原文の①をそのまま変えずに使えばいいでしょう。

ここまでの論旨の進み方は、原文で言えば④→③→②→①の順に進んでいます。原文は「だから型」の一種、今書いているクイズ文は「なぜなら型」の一種ですから、論の進み方が逆になるのは当然です。

最後に、5「**結論の確認**」を書きます。これは、原文の最後に当たる⑤をそのままの形で使うことができます。

こうしてできたクイズ文は、当初の「だから型」の文章に比べて、「問題・結論・理由」がはっきりしていて、読者に論旨がつかみやすい文章になっています。レポート・論文はクイズ文で書くのが基本だと言うゆえんです。

◇例題の解答例

例題1

③自分の考えや気持ちを英語で簡単に表現できるように訓練しておくことは必要なことだ。

②なぜなら、外国人と英語で話す機会は、不意にやってくるからだ。

①たとえば、私は最近、ファミリーレストランでアメリカ人らしいおじさんに話しかけられて、しばらく英語で会話をした。ところが、言いたいことの半分も伝わらず、切なかった。

英語で表現する力があれば、このような突然の機会にも、相手を助けたり、楽しく話したりすることができる。英語の勉強は、この観点を踏まえて行うべきだ。

(①②……は、原文の対応する段落。傍線部は手を入れた部分。最後に結論の確認の段落を補った)

例題2

③言文一致体の文章は、実際の東京の話しことばとは合致しない点がいくつか存在する。

②なぜなら、この文体は、当時の東京弁にもとづいたものではあったが、文章に書く以上は、どうしても文章語形式に拘束される面があるからである。

①たとえば、〝デアル〟は英語のbeや文語の「なり」に対応する翻訳調のことばであり、話しことばとしてはふつう用いられない。話しことばに近づいた書きことばが〝デアル〟の採用によって、ふたたび話しことばから一歩遠のいたことになったともいえよう。

例題3

④多くの公園で、子どものけがを避けるためとして、遊具が撤去される事例が増えている。しかし、子どもの心身の成長のために、遊具の果たす役割は大きい。撤去という方法でなく、遊具の安全をはかるにはどうすればいいだろうか。(問題)

③そのためには、それぞれの地域の大人が、子どもを主体的に遊ばせつつ、側面

から見守る活動を広げていくことが望ましい。（結論）
②なぜなら、公園の遊具は、十分な注意と大人の見守りがあれば、決して危険なものではないからだ。（理由）
①近年、「冒険遊び場」と呼ばれる、子どもが自分の責任で遊ぶ場所が、公園の中などに作られるようになった。大人がリーダーとして参加し、安全の確保にも努めている。ここで使われている遊具は、がらくたなどを利用した手作りのものだが、子どもも注意して遊び、大人も見守るので、大きな事故は避けられる。（具体的事例）
⑤遊具の撤去は、公園の持つ機能を奪うに等しい。それよりも、子ども本人の自覚と、大人の支援によって、子どもが自由に遊べる環境を作るほうが生産的だ。（結論の確認）

まとめ

難解な文章を「伝わる」ように書き換える

これまで、語彙力・表現力・論理力の3つを伸ばすために、いろいろなトレーニングを行ってきました。この3つの能力は、ただ一言で言い換えることもできます。すなわち、「伝わる文章を書く能力」です。

◆「伝わる」ことが肝心

文章は、何よりも伝わることが肝心です。読者が共感したり、反発したり、あるいは、賛成したり、反対したりといった反応を起こすためには、とにもかくにも、その文章が読者に伝わらなければばしかたがありません。本書のトレーニングは、どれも、「伝わる」という、文章に絶対に欠かせない条件を充たすことを目指したものでした。

ところが、「伝わる」という条件は、しばしば軽視されます。高度なことを述べているらしいけれど、難解でちっとも分からない文章は、昔も今もたくさんあります。読み手は「こういう難解な文章の書ける人が、文章力のある人なのだろう」と感心します。真実はその逆で、その書き手は、多くの人に伝えるくふうをしていないにすぎません。

一見難解な文章でも、これまでの書き換えの方法を用いれば、ごく分かりやすい、伝わる文章になる可能性があります。そこで、ここでは「まとめ」として、ある難解な文章を、伝わるように書き換えるというトレーニングを行います。

トレーニングの材料には、大正・昭和時代に活躍した哲学者・阿部次郎の『三太郎の日記』を使います。この著作は、三太郎という人物（著者の分身）が書きつづったという想定で、哲学や人生などに関するさまざまな思索を記したものです。

『三太郎の日記』は、旧制高校の学生の間で必読書とされ、今の私たちにとっても学ぶところの多い書物です。とはいうものの、その文章はおそろしく難解です。もう少し読者に伝わりやすい文章にできないでしょうか。このことを、例題を通して考えてもらいます。

例題

次の文章は、阿部次郎『三太郎の日記』の一部です。これを伝わりやすく書き換えてください。なお、字数は、原文の字数（319字）以内に収めてください。

[1]思想界の偉人と偉人との間に相互の理解を欠くこと多きは、人生の痛ましき事実の一つである。[2]かくのごとき現象はいかにして生ずるか。[3]そこにはもとより多くの理由がなければならない。[4]彼らの世界があまりに明瞭《めいりょう》に構成されているために、他との異同があまりに明白に感ぜられることも一つの理由であろう。[5]その感受性が一方に異常に発展する間に、他方面に対する感受性が知らず識《し》らず萎縮《いしゅく》してしまっているようなこともまたないとはかぎるまい。[6]しかし自分は時として、彼らの間に、トルストイの芸術論におけるがごとき不一致の要求——更にはなはだしきは理解せざらんとする意志を発見することを悲しむ。[7]自分は人間の我執《がしゅう》の根の深さをここに発見して、一種の悲愴《ひそう》なる感情を覚えざるを得ない。

（阿部次郎「不一致の要求」『新版　合本　三太郎の日記』角川選書）

「あーっ、もういい、分からない」と投げ出さないでください。順を追って書き換えていけば、ぐっと分かりやすくなるはずです。

一般に、文章が難解になる原因としては、内容が複雑で高度だという以外に、(1)使っている語彙がむずかしい、(2)表現がむずかしい、(3)論理展開がややこしく先が読めない、という

3つが考えられます。つまり、語彙・表現・論理のそれぞれに原因がありえます。この3つの面の分かりにくさを克服すれば、読者によく伝わる文章になる見込みがあります。

◆語句の意味を確かめる

まずは、語彙の面から検討していきましょう。

意外なことですが、この例題の文章に使われている語句は、さほどむずかしいものではありません。高校生以上の読者であれば、ほとんどの語句は知っていて当然です。

ただし、意味を確かめておいたほうがいい語句もあります。たとえば、「我執」（第7文）がそうです。国語辞典では〈自分だけの考えにとらわれて、それからはなれられないこと〉（『三省堂国語辞典』第6版）とあります。「人間の我執の根の深さ」とは、ここでは、さしずめ「自分だけが正しいと深く思いこんでいること」と言い換えられます。

文語調の語句も、確認が必要かもしれません。「かくのごとき」（第2文）は「こんな・このような」。「いかにして」（同）は「どうして」。「もとより」（第3文）は「もちろん」。このへんは、まあ問題ないでしょう。少々分かりにくいのは「理解せざらんとする意志」（第6文）です。これは、「理解するまいとする意志・理解してやるものかという意志」ということです。こういった文語調の語句は、すべて口語調に書き直すことにします。

多くの読者が戸惑うかもしれないのは、「トルストイの芸術論における不一致の要求」という部分です。これについては、筆者自身が前の部分で説明しています。

ロシアの作家トルストイが、ある時、「芸術とは何か」について論じました。その主張はまっとうで、誰にも納得できるものでした。ところが、トルストイは、自分の考えを強く主張するあまり、ほかの人々の主張を片っ端から否定していきました。どうしてそうむきになって否定したかというと、「自分はほかのやつらとは違っていたい」という欲求があったからだと、筆者は指摘します。これが、トルストイの「不一致の要求」です。

これだけのことを踏まえれば、文章をもっと簡単な語句で書き換えられるはずです。

◆イメージできない表現を書き換える

次に、表現の面について見ていきます。

使われている語句のひとつひとつの意味は分かるのに、文全体として、何を言っているか分からないということは、よくあることです。例題の文章に、ぱっとイメージできない表現があれば、書き換えていきます。

冒頭の部分は、どういうことを表現しているのか、分かるでしょうか。

《原文》[1]思想界の偉人と偉人との間に相互の理解を欠くこと多きは、人生の痛ましき事実の一つである。[2]かくのごとき現象はいかにして生ずるか。[3]そこにはもとより多くの理由がなければならない。

第3文に、「そこにはもとより（＝もちろん）多くの理由がなければならない」とあるので、「多くの理由がある必要がある」ということだと受け取る人があるかもしれません。ここでの「なければならない」は、「必要がある」ということでなく、「きっとそのはずだ」という確信を表すものです。もっと簡単に言えば、「そこには、もちろん、いろいろな理由があるに違いない」ということです。

この冒頭部分を、より伝わりやすい表現に言い換えるならば、こうなります。

《書き換え》[1]偉大な思想家同士がお互いを理解しないことが多いのは、何とも残念な事実だ。[2]どうしてこんなことになるのだろうか。[3]もちろん、いろいろな理由があるに違いない。

かなり分かりやすくなったはずです。要するに、冒頭から第3文までは、偉大な思想家同士が理解し合わないのはなぜか、という理由を問いかける部分だったのです。

では、思想家同士が理解し合わない理由とは何かを考えます。筆者が最も重視する理由は、最後の第6文のあたりに書かれています。

《原文》[6]しかし自分は時として、彼らの間に、トルストイの芸術論におけるがごとき不一致の要求——更にはなはだしきは理解せざらんとする意志を発見することを悲しむ。[7]自分は人間の我執の根の深さをここに発見して、一種の悲愴なる感情を覚えざるを得ない。

「不一致の要求」「理解せざらんとする」「我執」の意味については、すでに前節で確認しました。それを踏まえて、この部分が何を表現しているのか、見きわめてください。

「自分は〜悲しむ」とか「悲愴な感情を覚えざるを得ない」とか、筆者自身の主観がいろいろと盛り込まれているので、文脈がややこしくなっています。こういった主観的な表現を少し整理して、全体の表現を変えると、次のようになります。

《書き換え》[6]トルストイは他人の芸術論をまるで認めなかった。これと同じく、現代の思想家にも、他人と一致したくないという欲求がある。もっと言うと、他人なんか理解してやるものかという意地がある。「[7]自分だけが正しい」という考えの根強さは悲愴でさえある。

「不一致の要求」を「他人と一致したくないという欲求」、「理解せざらんとする意志」を「他人なんか理解してやるものかという意地」と書き換えて、並列させました。「我執の根の深さ」は「『自分だけが正しい』という考えの根強さ」と表現しました。

　これで、偉大な思想家がお互いを理解しない理由が明らかになりました。その理由とは、思想家自身に「他人と一致したくない」という欲求、「他人を理解してやるものか」という意地があるから、ということでした。

◆文の順番を替えて論理を分かりやすく

最後に、論理の進め方を見ます。

例題の文章は、「思想家同士がお互いを理解しないことが多い理由は何か」と問題を出し、「それは、他人と一致したくない欲求、他人を理解してやるものかという意地があるからだ」と結論を示すものでした。こう書くと、何だか身もふたもありませんね。

では、これまで取り上げなかった第4文・第5文は何を言っているかというと、これもまた理由を示す文なのです。ただし、筆者が主要と考えている理由ではありません。

第1文から第6文までの論理の進め方を示せば、次のとおりです。

1〜3（文）　「思想家同士がお互いを理解しないことが多い理由は何か」（**問題**）

4　理由1

5　理由2

6　理由3「他人と一致したくない欲求、他人を理解してやるものかという意地があるからだ」（**主要な理由＝結論**）

7　結び

これで分かるように、問題（1〜3）を出してから結論（6）を出すまでの間に、別の文（4・5）が挟まっています。このため、読者は、問題が出てからしばらくの間、宙ぶらりんの状態に置かれます。これは、「伝わる文章」に逆行するものです。

そこで、文の順番を替えて、全体の論理をより分かりやすくする必要があります。結論を書いた第6文は、思いきって前方に大移動させて、問題のすぐ後ろに持ってきます。ついでに、この文全体をもう一度書き換えます。

第6文を前に移動した結果、前半部分はこうなりました（第3文は削りました）。

《書き換え》[1]偉大な思想家同士がお互いを理解しないことが多いのは、何とも残念な事実だ。[2]どうしてこんなことになるのだろうか。
[6]その理由は、思想家自身に、他人と一致したくないという欲求、もっと言うと、他人なんか理解してやるものかという意地があるからだ。他人の芸術論をまるで認めなかったトルストイと同じことだ。

これで、問題（「どういう理由か？」）が出てから、結論（「こういう理由だ」）がすぐに示される、分かりやすい文章になりました（この文章では、理由＝結論になっているので、レッスン9〈168ページ〉で示した形式とずれますが、こういう形式もあるのだと思ってください）。
筆者の指摘したい主要な理由は以上のとおりですが、第4文・第5文に示された理由についても検討しておきましょう。原文ではこう書いてあります。

《原文》[4]彼らの世界があまりに明瞭に構成されているために、他との異同があまりに明白に感ぜられることも一つの理由であろう。[5]その感受性が一方に異常に発展する間に、他方面に対する感受性が知らず識らず萎縮してしまっているようなこともまたないとはかぎるまい。

ここには、思想家がお互いを理解しないことについて、いくぶん好意的に見た理由が2つ挙げられています。この部分は、次のように書き換えることもできるでしょう。

《書き換え》[4]思想家は自分の世界をかっちり築いているので、他人の考えとのわずかな違いが気になるのかもしれない。また、ひとつの方面にくわしくなるあまり、他の方面の重要性につい鈍感になるのかもしれない。

この第4文・第5文は、第6文のあとに持って来ます。また、この2つが主要な理由でないことは、文章中で断っておきます。主要な理由は、あくまで、第6文で述べた「他人と一致したくないという欲求」「他人なんか理解してやるものかという意地」です。

最後に、結びの文をつけ加えて、全体を終わります。これで、言いたいことがはるかによく伝わる文章になりました。後ろの解答例を見てください。

文章がこんなふうにはっきりすると、批判の調子が強くなり、当の思想家たちの反発を買ってしまうかもしれません。でも、反発をおそれて、わざと伝わりにくい文章にすべきではありません。そんな文章ならば、書かないほうがましです。

語彙・表現・論理の3つの面から、阿部次郎の文章を再検討し、全体を書き換えてみました。最初は高度で難解なように見えた文章でしたが、書き換えてみると、さほどむずかしいことを言っているわけではないことが分かりました。

世の中には、本当に難解な理屈を伝えようとしている文章もあります。でも、高度で難解に見える文章も、大半は、語彙や表現、論理をことさら分かりにくくしてあるだけです。労力さえ惜しまなければ、十分伝わるように書き換えられます。

◇例題の解答例

　偉大な思想家同士がお互いを理解しないことが多いのは、何とも残念な事実だ。どうしてこんなことになるのだろうか。

　その理由は、思想家自身に、他人と一致したくないという欲求、もっと言うと、他人なんか理解してやるものかという意地があるからだ。他人の芸術論をまるで認めなかったトルストイと同じことだ。

　ほかにも理由はあるだろう。思想家は自分の世界をかっちり築いているので、他人の考えとのわずかな違いが気になるのかもしれない。また、ひとつの方面にくわしくなるあまり、他の方面の重要性につい鈍感になるのかもしれない。

　とはいえ、主な理由は、やはり、先に述べたような彼らの欲求と意地にある。「自分だけが正しい」という考えの根強さは悲愴でさえある。（312字）

おわりに

お疲れさまでした。これで、本書で行うトレーニングはすべて終わりです。ここまで読み終えた読者には、文章をどう書き換えれば「伝わる」ようになるかという、根本のところを理解してもらえたものと信じます。

もっとも、本格的にトレーニングを続けてほしいのは、むしろこれからです。本書で扱ったトレーニングは、「1日何十分」などと時間を決めて行うものではありません。ふだん文章を書く中で、自然に行うことができるものです。ぜひ、試してみてください。

「書き換えトレーニング」とは、漢字2字で言い換えれば、「推敲」のことです。本書は、文章の推敲を勧め、その方法を伝授するものでした。

私自身も、本書を書きながら、自分の文章を材料にして、さまざまな推敲を試みていました。「この語句よりほかの語句のほうがいい」「この言い回しでは意味が通じない」「この段落は前に持って来たほうがいい」などといった具合にです。

一般的な推敲に加えて、今回特に留意したのは、1行を10字未満で終わらせないことでした。

　ほら、右の行のように、1行が「た。」の2字で終わってしまうと、下が空きすぎるし、なんとも不格好です。そこで、「もし、1行が10字未満になりそうなら、表現を圧縮して、前の行に収めてしまう」ということを心がけました（引用部分などは除きます）。これは、本書のレッスン3の変形です。結果として、より引き締まった表現になったはずです。

「楽しみながら文章力をつけてもらう」という本書の基本方針は、編集部の金子千里《ちさと》さんとの話し合いから生まれました。金子さんには、完成までに辛抱強くお待ちいただく一方、多くの適切なアドバイスを頂戴《ちょうだい》しました。深く感謝いたします。

　願わくは、読者が、自分の文章を書き換え、練り直すことに、いっそう多くの喜びを感じられんことを。どうもありがとうございました。

２０１０年11月12日

飯間　浩明

本書の例題に掲載させていただきました中に一部消息がつかめない方がいらっしゃいます。情報をお持ちの方は、編集部までご一報いただけると幸いです。

ちくまプリマー新書 151

伝《つた》わる文章《ぶんしょう》の書《か》き方教室《かたきょうしつ》 書《か》き換《か》えトレーニング10講《じっこう》

二〇一一年一月 十 日 初版第一刷発行
二〇二一年一月二十五日 初版第二刷発行

著者 飯間浩明（いいま・ひろあき）

装幀 クラフト・エヴィング商會
発行者 喜入冬子
発行所 株式会社筑摩書房
東京都台東区蔵前二-五-三 〒一一一-八七五五
電話番号 〇三-五六八七-二六〇一（代表）

印刷・製本 株式会社精興社

ISBN978-4-480-68853-8 C0295 Printed in Japan